Die

Losungen

der Herrnhuter Brüdergemeine

für das Jahr

2025

295. Ausgabe

Herausgegeben von der

Evangelischen Brüder-Unität

im Friedrich Reinhardt Verlag, Lörrach/Basel

Evangelische Brüder-Unität
Zittauer Straße 20
02747 Herrnhut
Telefon (03 58 73) 487 - 0
Fax (03 58 73) 487 - 99

Evangelische Brüder-Unität
Badwasen 6
73087 Bad Boll
Telefon (0 71 64) 94 21 - 0
Fax (0 71 64) 94 21 - 99

E-Mail: losungen@ebu.de
Internet: www.losungen.de

ISBN 978-3-7245-2683-4 (kartoniert)
ISBN 978-3-7245-2684-1 (gebunden)

Impressum:

Herausgegeben von der Evangelischen Brüder-Unität im Friedrich Reinhardt Verlag, Lörrach/Basel

Gestaltung: feinherb, Visuelle Gestaltung, Basel. Philipp Stamm.
Druck und Bindung: CPI – Ebner & Spiegel, Ulm. Printed in Germany.

Die Jahreslosung 2025:

Prüft alles und behaltet das Gute!

1. Thessalonicher 5,21

Geleitwort zur 295. Ausgabe der Losungen

Liebe Leserinnen und Leser!

Eine neue Ausgabe des Losungsbuches liegt vor Ihnen und soll Sie ein ganzes Jahr begleiten, jeden Morgen neu – wie es auf einer der ersten gedruckten Ausgaben der Losungen heißt. Wir hoffen, dass Sie die biblischen Verse, ihre Zusammenstellung und auch die Auswahl der Lieder und Gebete erfreuen oder ermutigen. Sicher wird es auch Tage geben, an denen Sie sich ärgern über das, was Ihnen da angeboten wird. Und manche Leserin oder mancher Leser greift dann zum Telefon oder schreibt eine E-Mail. Und das ist recht so. Die Losungen wollten von Anfang an einladen zum Gespräch über das Evangelium, über die Schrift des Alten und Neuen Testaments und dazu gehört auch ein kritischer Blick.
Die Ökumenische Arbeitsgemeinschaft für Bibellesen (ÖAB) hat uns für dieses Jahr als Jahreslosung ein Wort des kritischen Blicks und Gesprächs ausgesucht. Und das ist vielleicht gerade in dieser Zeit notwendiger denn je. Wenn der Apostel die Christen seiner Zeit auffordert, alles zu prüfen, dann lädt er zu einem kritischen Gespräch ein – auch über seine eigene Arbeit als Apostel. Aber, so sagt er, am Ende geht es darum, das Gute zu behalten und nicht alles in Bausch und Bogen zu verwerfen. Wir wünschen Ihnen, dass die Losungen in ihrem Dreiklang von Altem und Neuem Testament und der Antwort des Liedes oder Gebetes Sie nicht nur erfreuen und ermutigen, sondern Sie auch zu dem kritischen Blick auf die Kirche, die Welt, und auf Ihr eigenes Leben einladen. Und

wir sind sicher, dass Sie dabei genug Gutes finden, das es wert ist, behalten zu werden. Dann kann auch Ihr Leben durch die Begegnung mit Gott an jedem Morgen neu werden.

Ihre Herrnhuter Brüdergemeine

EVANGELISCHE BRÜDER-UNITÄT
HERRNHUTER BRÜDERGEMEINE

Themen für das tägliche Gebet

Sonntag: ***Gottes Heil für die Menschen.***
Dank für die Auferstehung Jesu Christi und für Gottes Wort. Vollmacht für die Verkündigung und Segen für alle Hörerinnen und Hörer. Heiligung des Sonntags. Erneuerung des geistlichen Lebens, Einheit im Geist, Liebe. Fürbitte für die verschiedenen Kirchen und ihr gemeinsames Zeugnis.

Montag: ***Dienst der Kirche in der Welt.***
Verkündigung des Evangeliums in der Welt. Geistliches Wachstum in den Gemeinden. Zeugnis des Glaubens und der Liebe. Ausbildung und Zurüstung der Mitarbeiterinnen und Mitarbeiter zum Dienst in Kirche und Gesellschaft. Mission und Evangelisation. Medizinische Arbeit.

Dienstag: ***Familie, Schule, Beruf.***
Verwandte, Freunde, Patenkinder, Ehe, Familie, Alleinerziehende, Erziehung. Kindergärten, Schulen, Heime, Lehrer, Erzieher. Weitergabe des Glaubens an die nächste Generation, Religionsunterricht. Arbeit im Haus und am Arbeitsplatz. Tägliches Brot. Bewährung des Glaubens im Alltag.

Mittwoch: ***Unsere Nächsten.***
Nachbarn, Arbeitskollegen, Geschäftspartner, Arbeitslose. Hilfe und Trost für Schwache, Kranke, Sterbende, Blinde, Gehörlose, alle Behinderten, Waisen, Verwitwete und Alleinstehende, Gebundene und Angefochtene, Gefangene, Obdachlose, Opfer von Unterdrückung und Gewalt. Diakonie: Mutterhäuser, Brüderhäuser, Gemeindepflege, Heime, pflegerische Arbeit, Fürsorge.

Donnerstag: ***Gesellschaft.***
Frieden zwischen Völkern und Volksgruppen. Gerechtigkeit und Aufrichtigkeit im Zusammenleben. Männer und Frauen in leitender Stellung in Gesellschaft, Staat, Wirtschaft und Kirche. Überwindung des Völker- und Rassenhasses. Ausländer. Menschen auf der Flucht. Bewahrung vor Missbrauch aller Machtmittel. Achtung vor der Schöpfung. Schutz für das ungeborene Leben. Weisheit im Umgang mit den medizinischen Möglichkeiten. Glaube an Gottes Führung in der Welt und an seine Macht, Wunden zu heilen.

Freitag: ***Unsere Kirche und Gemeinde.***
Dank für das Erlösungswerk Jesu Christi am Kreuz. Sündenerkenntnis und neue Geistesausgießung, Stärkung aller Gemeindemitglieder, Bereitschaft zur Mitarbeit als Haushalter Gottes. Vollmacht für alle, die zum Dienst der Verkündigung und der Seelsorge berufen sind. Christen in der Verfolgung. Segen für die Arbeit am Losungsbuch und für seine Leserinnen und Leser.

Samstag: ***Rückblick und Ausblick.***
Dank für Gottes Gaben und Geleit durch die Woche. Bitte um Vergebung für Unterlassungen und Übertretungen. Segen für den Sonntag. Fürbitte für Israel, das Volk des ersten Bundes Gottes. Vorbereitung der Kirche Jesu Christi auf seine Wiederkunft. Freude auf die ewige Herrlichkeit.

Erklärung zum Aufbau der Losungen

1 **Du sollst nicht ehebrechen.** *2. Mose 20,14*
2 **Der Mann soll seine Frau nicht vernachlässigen, ebenso nicht die Frau ihren Mann.**
1. Korinther 7,3
3 Nun lass uns füreinander leben, einander lieben, wie du liebst, und mach uns fähig zu vergeben, wie du uns täglich neu vergibst. Sei du der Maßstab und der Halt und gib dem Wollen auch Gestalt.
4 BG 897,2 5 Detlev Block
6 *Kl: Römer 8,26–30 :: Bl: Lukas 5,17–26* 7

1 **Losung des Tages:** Sie wird jedes Jahr in Herrnhut aus ca. 1800 alttestamentlichen Bibelversen ausgelost.

2 **Lehrtext:** Er stammt immer aus dem Neuen Testament und wird, thematisch passend, zur Losung ausgesucht. Er stammt häufig aus der fortlaufenden Bibellese (siehe Pkt. 7). Losung und Lehrtext laden ein, die biblischen Texte in ihrem Zusammenhang zu lesen und zu verstehen.

3 Dritter Text: Er ist meistens ein Lied, Gebet oder ein bekenntnisartiger Text, der zum Gebet hinführen soll.

4 Nummerierung: Sie richtet sich nach dem Evangelischen Gesangbuch (EG). Bei »BG« vor der Nummer stammt das Lied aus dem Gesangbuch der Herrnhuter Brüdergemeine von 2007.

5 Verfasserangabe: Ein (*) verweist auf den Bearbeiterkreis der Losungen.

6 Erste Lesung: Diese »Kirchenjahreslese« (Kl) wird von der »Liturgischen Konferenz in der Evang. Kirche in Deutschland« (EKD) verantwortet. Sie bildet mit dem Thema des Sonntags, Wochenspruch, Evangelium (Ev), Brieflesung / Epistel (Ep), der alttestamentlichen Lesung (AT) und dem Predigttext (Pr) der neuen »Ordnung gottesdienstlicher Texte und Lieder« eine Einheit. Bei den Wochenliedern konnten Alternativangebote nur aus dem Stammteil des EG aufgenommen werden.

7 Zweite Lesung: Diese »Fortlaufende Bibellese« (Bl) – sie bietet in 4 Jahren alle Texte des Neuen Testaments, in 8 Jahren wesentliche Teile des Alten Testaments und an den Sonntagen Psalm-Lesungen –, die Jahreslosung und die Monatssprüche werden von der »Ökumenischen Arbeitsgemeinschaft für Bibellesen« (ÖAB) verantwortet (www.oeab.de).

JANUAR

Monatsspruch: Jesus Christus spricht: Liebt eure Feinde; tut denen Gutes, die euch hassen! Segnet die, die euch verfluchen; betet für die, die euch beschimpfen!
Lukas 6,27–28

NEUJAHR

Jesus Christus gestern und heute und derselbe auch in Ewigkeit. *Hebräer 13,8*

Lied: 64 :: Ev: Lukas 4,16–21 :: Ep: Jakobus 4,13–15
Pr/AT: Josua 1,1–9 :: Bl: Psalm 19

---

1. Mittwoch **Sage nicht: »Ich bin zu jung«, sondern du sollst gehen, wohin ich dich sende, und predigen alles, was ich dir gebiete.** *Jeremia 1,7*

Paulus schreibt: **Ich schäme mich des Evangeliums nicht.** *Römer 1,16*

Dein Wort ist wahr und trüget nicht und hält gewiss, was es verspricht, im Tod und auch im Leben. Du bist nun mein, und ich bin dein, dir hab ich mich ergeben.
473,3 Johannes Eccard

2. Donnerstag **Menschenfurcht bringt zu Fall; wer sich aber auf den HERRN verlässt, wird beschützt.**
Sprüche 29,25

Fürchte dich nicht, du kleine Herde! Denn es hat eurem Vater wohlgefallen, euch das Reich zu geben.
Lukas 12,32

Und fürchte nicht Gewalt und Hass und Truggedanken. Treibt auch das Unrecht noch sein Spiel an manchem Ort. Es hat nur so viel Macht, wie Gott ihm zugedacht. Die Liebe hat am Ende doch das letzte Wort.

BG 112,3 Martin Gotthard Schneider

Kl: Josua 24,1–2a.13–18.25.26 :: Bl: Lukas 3,1–6

3. Freitag **Sollte Gott etwas sagen und nicht tun? Sollte er etwas reden und nicht halten?** *4. Mose 23,19*

Jesus spricht: **Wer diese meine Rede hört und tut sie, der gleicht einem klugen Mann, der sein Haus auf Fels baute.** *Matthäus 7,24*

Herr, unser Glaube und unsere Hoffnung ist so schwach. Wir wagen es nicht, unser Leben ganz auf deine Verheißung zu setzen. Wir zweifeln an deiner Macht. Herr vergib dem Zweifler und dem Hoffnungslosen und gib uns heute noch deine Verheißung neu.

Dietrich Bonhoeffer

Kl: 2. Mose 2,1–10 :: Bl: Lukas 3,7–14

4. Samstag **In deine Hände befehle ich meinen Geist; du hast mich erlöst, Herr, du treuer Gott.**

Psalm 31,6

Lasst uns freimütig hinzutreten zu dem Thron der Gnade, auf dass wir Barmherzigkeit empfangen und Gnade finden und so Hilfe erfahren zur rechten Zeit.

Hebräer 4,16

Alles vergehet, Gott aber stehet ohn alles Wanken; seine Gedanken, sein Wort und Wille hat ewigen Grund. Sein Heil und Gnaden, die nehmen nicht Schaden, heilen im Herzen die tödlichen Schmerzen, halten uns zeitlich und ewig gesund. 449,8 Paul Gerhardt

Kl: 1. Mose 21,1–7 :: Bl: Lukas 3,15–20

---

2. SONNTAG NACH WEIHNACHTEN

Wir sahen seine Herrlichkeit, eine Herrlichkeit als des eingeborenen Sohnes vom Vater, voller Gnade und Wahrheit. *Johannes 1,14b*

Wochenlied: 56 oder 73

Ev: Lukas 2,41–52 :: Pr/Ep: 1. Johannes 5,11–13

AT: Jesaja 61,1–3(4.9)10–11 :: Bl: Psalm 72

---

5. Sonntag **Der Herr ist gütig und eine Feste zur Zeit der Not und kennt, die auf ihn trauen.** *Nahum 1,7*

Werft euer Vertrauen nicht weg! *Hebräer 10,35*

Vertrau und habe keine Angst, was dich auch schrecken will! Die Schuld und Not, vor der du bangst, wird an der Krippe still. BG 206,3 Detlev Block

---

FEST DER ERSCHEINUNG DES HERRN EPIPHANIAS

Die Finsternis vergeht und das wahre Licht scheint schon. *1. Johannes 2,8b*

Lied: 70

Pr/Ev: Matthäus 2,1–12 :: Ep: Epheser 3,1–7

AT: Jesaja 60,1–6 :: Bl: Lukas 3,21–38

---

6. Montag **Er weidet mich auf einer grünen Aue und führet mich zum frischen Wasser. Er erquicket meine Seele.** *Psalm 23,2–3*

Ihr irrtet umher wie Schafe, doch jetzt seid ihr zurückgekehrt zum Hirten, zum Beschützer eurer Seelen. *1. Petrus 2,25*

Der Hirte, der Schafe zum Wasser bringt, der Engel, der Hirten vom Himmel zusingt, der Stern, der Weisen die Wege zeigt, der Weise, der vor der Krippe sich neigt, der führe auch dich, wer immer du bist, zum Heiland der Welt, zu Jesus Christ. *

7. Dienstag **Verachte nicht die Unterweisung durch den Herrn und sei nicht unwillig, wenn er dich ermahnt.** *Sprüche 3,11*

Jesus lehrte mit Vollmacht. *Markus 1,22*

Herr, unser Gott, wecke du uns auf! Gib du uns dein Licht! Sei du unser Lehrer und Tröster! Rede du selbst mit einem Jeden von uns so, dass ein Jeder gerade das höre, was er nötig hat und was ihm hilft! Karl Barth

Kl: Titus 2,11–14 :: Bl: Lukas 4,1–13

8. Mittwoch **Gott, mein Herz ist bereit, ich will singen und spielen. Wach auf, meine Seele!** *Psalm 108,2*

Der Gelähmte sprang auf, konnte stehen und gehen und ging mit ihnen in den Tempel, lief und sprang umher und lobte Gott. *Apostelgeschichte 3,8*

Ich lobe meinen Gott von ganzem Herzen. Erzählen will ich von all seinen Wundern und singen seinem Namen. Ich lobe meinen Gott von ganzem Herzen. Ich freue mich und bin fröhlich, Herr, in dir. Halleluja!
272 Louis Segond/Gitta Leuschner

Kl: 5. Mose 18,14–19 :: Bl: Lukas 4,14–21

9. Donnerstag **Gedenke des ganzen Weges, den dich der HERR, dein Gott, geleitet hat diese vierzig Jahre in der Wüste, auf dass er dich demütigte und versuchte, damit kundwürde, was in deinem Herzen wäre.** *5. Mose 8,2*

Und alsbald trieb der Geist Jesus in die Wüste; und er war in der Wüste vierzig Tage und wurde versucht von dem Satan und war bei den Tieren, und die Engel dienten ihm. *Markus 1,12–13*

Die Wüste ist beides: Ort der Versuchung und Ort der besonderen Nähe Gottes, Ort der Finsternis und des Lichtes, Ort, an dem die Dämonen hausen, und der Ort, an dem der Himmel sich über uns öffnet. Anselm Grün

Kl: 1. Johannes 2,8–11 :: Bl: Lukas 4,22–30

10. Freitag Der HERR spricht: **Möge doch ihr Herz so bleiben, dass sie mich allezeit fürchten und meine Gebote halten, damit es ihnen und ihren Kindern gut geht, für immer!** *5. Mose 5,29*

Ein neues Gebot gebe ich euch: dass ihr einander liebt. Wie ich euch geliebt habe, so sollt auch ihr einander lieben. Daran werden alle erkennen, dass ihr meine Jünger seid: Wenn ihr bei euch der Liebe Raum gebt. *Johannes 13,34–35*

Nun, das ist unsre Bitte, du Fürst in unsrer Mitte: Zeig deine Gegenwart, mach dein Gebot uns wichtig, das Herz zur Folge tüchtig und heilge unsre ganze Art!
BG 453,3 Nikolaus Ludwig von Zinzendorf/ Christian Gregor

Kl: Jesaja 8,20–23 :: Bl: Lukas 4,31–37

11. Samstag **Ich will mit ihnen einen Bund des Friedens schließen, der soll ein ewiger Bund mit ihnen sein.** *Hesekiel 37,26*

Gnade sei mit euch und Friede von dem, der da ist und der da war und der da kommt. *Offenbarung 1,4*

Ich sehe, wie die Welt langsam immer mehr in eine Wüste verwandelt wird, ich höre den anrollenden Donner immer lauter, der auch uns töten wird, ich fühle das Leid von Millionen Menschen mit. Und doch, wenn ich zum Himmel schaue, denke ich, dass sich alles wieder zum Guten wenden wird, dass wieder Ruhe und Frieden in die Weltordnung kommen werden. Anne Frank

Kl: Jesaja 66,18–23 :: Bl: Lukas 4,38–44

Internationale Allianzgebetswoche

---

1. SONNTAG NACH EPIPHANIAS

Welche der Geist Gottes treibt, die sind Gottes Kinder. *Römer 8,14*

Wochenlied: 410 oder 441
Ev: Matthäus 3,13–17 :: Ep: Römer 12,1–8
AT: Jesaja 42,1–9 :: Pr: Josua 3,5–11.17 :: Bl: Psalm 4

---

12. Sonntag **Hass erregt Hader; aber Liebe deckt alle Übertretungen zu.** *Sprüche 10,12*

Darin besteht die Liebe: nicht dass wir Gott geliebt haben, sondern dass er uns geliebt hat und gesandt seinen Sohn zur Versöhnung für unsre Sünden. Ihr Lieben, hat uns Gott so geliebt, so sollen wir uns auch untereinander lieben. *1. Johannes 4,10–11*

Gib, Ewiger, mein Gott und Gott meiner Väter, dass in keines Menschen Herz Hass aufsteige gegen uns und gegen keinen Menschen Hass in unserem Herz aufsteige. Rabbi Eleazar

13. Montag **Halte meine Augen davon ab, nach Nichtigem zu schauen.** *Psalm 119,37*

Dein Auge ist das Licht des Leibes. Wenn dein Auge lauter ist, so ist dein ganzer Leib licht; wenn es aber böse ist, so ist auch dein Leib finster. *Lukas 11,34*

Verschließe meine Augen für Dinge, die nichts taugen; gib Augen voller Klarheit in alle deine Wahrheit.
BG 403,4 Barby 1767

Kl: Apostelgeschichte 10,37–48 :: Bl: Lukas 5,1–11

14. Dienstag **Wer sich des Armen erbarmt, der ehrt Gott.** *Sprüche 14,31*

Jesus sprach zu dem jungen Mann: Willst du vollkommen sein, so geh hin, verkaufe, was du hast, und gib's den Armen, so wirst du einen Schatz im Himmel haben; und komm und folge mir nach! *Matthäus 19,21*

Willst du reich werden, so gib. Geben macht reich, Festhalten arm. Benutze jede Gelegenheit, um mitzuteilen und Liebe zu geben. Eva von Tiele-Winckler

Kl: Lukas 18,15–17 :: Bl: Lukas 5,12–16

15. Mittwoch **Du sollst nicht ehebrechen.**

2. Mose 20,14

Der Mann soll seine Frau nicht vernachlässigen, ebenso nicht die Frau ihren Mann. *1. Korinther 7,3*

Nun lass uns füreinander leben, einander lieben, wie du liebst, und mach uns fähig zu vergeben, wie du uns täglich neu vergibst. Sei du der Maßstab und der Halt und gib dem Wollen auch Gestalt.

BG 897,2 Detlev Block

Kl: Römer 8,26–30 :: Bl: Lukas 5,17–26

16. Donnerstag **Alle hoffärtigen Augen werden erniedrigt, und die stolzen Männer müssen sich beugen; der Herr aber wird allein hoch sein an jenem Tage.** *Jesaja 2,11*

Was töricht ist vor der Welt, das hat Gott erwählt, damit er die Weisen zuschanden mache; und was schwach ist vor der Welt, das hat Gott erwählt, damit er zuschanden mache, was stark ist; und was gering ist vor der Welt und was verachtet ist, das hat Gott erwählt, was nichts ist, damit er zunichtemache, was etwas ist, auf dass sich kein Mensch vor Gott rühme. *1. Korinther 1,27–29*

Du Geist von oben, weh uns an, denn wir sind ja dein Eigen. Was wir bisher nicht recht getan, das soll uns vor dir beugen. Wir sind doch Jesu Eigentum bei allen diesen Sachen und lieben seines Namens Ruhm; ach hilf's uns besser machen!

BG 375,1 Anna Dober

Kl: Epheser 1,3–10 :: Bl: Lukas 5,27–32

17. Freitag **Eines jeden Wege liegen offen vor dem Herrn.** *Sprüche 5,21*

Richtet nicht vor der Zeit, bis der Herr kommt, der auch ans Licht bringen wird, was im Finstern verborgen ist, und das Trachten der Herzen offenbar machen wird. *1. Korinther 4,5*

Herr, der du mich kennst und beim Namen nennst, ach, du weißt es, wie ich's meine, was ich bin und was ich scheine. Meines Herzens Grund ist dir klar und kund.
BG 713,1 Philipp Spitta

Kl: Lukas 12,49–53 :: Bl: Lukas 5,33–39

18. Samstag **Du sollst heute wissen und zu Herzen nehmen, dass der Herr Gott ist oben im Himmel und unten auf Erden und sonst keiner.** *5. Mose 4,39*

Eure Güte lasst kund sein allen Menschen! Der Herr ist nahe! Und der Friede Gottes, der höher ist als alle Vernunft, wird eure Herzen und Sinne bewahren in Christus Jesus. *Philipper 4,5.7*

Nicht die Welt aus den Angeln zu heben, sondern am gegebenen Ort das sachlich – im Blick auf die Wirklichkeit – Notwendige zu tun und dieses wirklich zu tun, kann die Aufgabe sein. Dietrich Bonhoeffer

Kl: Matthäus 4,12–17 :: Bl: Lukas 6,1–11

---

2. SONNTAG NACH EPIPHANIAS

Von seiner Fülle haben wir alle genommen Gnade um Gnade. *Johannes 1,16*

Wochenlied: 74 oder 398

Ev: Johannes 2,1–11 :: Ep: 1. Korinther 2,1–10

AT: 2. Mose 33,18–23 :: Pr: Römer 12,9–16 :: Bl: Psalm 3

19. Sonntag **Mache dich auf, werde licht; denn dein Licht kommt, und die Herrlichkeit des HERRN geht auf über dir!** *Jesaja 60,1*

Unser Gott hat ein Herz voll Erbarmen. Darum kommt uns das Licht aus der Höhe zur Hilfe. Es leuchtet denen, die im Dunkel und im Schatten des Todes leben. Es lenkt unsere Füße auf den Weg des Friedens. *Lukas 1,78–79*

Wer nun dies Licht empfangen hat, der geh zurück in Dorf und Stadt und zünde selber Lichter an, dass jeder Mensch es sehen kann. Hans R. Meier-Clemens

20. Montag **Der HERR wird dein ewiges Licht und dein Gott wird dein Glanz sein.** *Jesaja 60,19*

Jesus spricht: **Wer mich sieht, der sieht den, der mich gesandt hat. Ich bin als Licht in die Welt gekommen, auf dass, wer an mich glaubt, nicht in der Finsternis bleibe.** *Johannes 12,45–46*

In die Welt bist du gekommen, Jesu, als ein Licht der Welt. Wer ins Herz dich aufgenommen, sich im Glauben an dich hält, der erfährt's, wie du gewiss Licht bringst in die Finsternis. BG 1019,1 Johann Christoph Blumhardt

Kl: 5. Mose 5,1–7(8–21) :: Bl: Lukas 6,12–16

21. Dienstag **Erhalte mich nach deinem Wort, dass ich lebe, und lass mich nicht zuschanden werden in meiner Hoffnung.** *Psalm 119,116*

Jesus spricht: **Wer mein Wort hört und glaubt dem, der mich gesandt hat, der hat das ewige Leben und kommt nicht in das Gericht, sondern er ist vom Tode zum Leben hindurchgedrungen.** *Johannes 5,24*

Er ist ein Fels, ein sichrer Hort, und Wunder sollen schauen, die sich auf sein wahrhaftig Wort verlassen und ihm trauen. Er hat's gesagt, und darauf wagt mein Herz es froh und unverzagt und lässt sich gar nicht grauen. 374,2 Philipp Spitta

Kl: Markus 2,23–28 :: Bl: Lukas 6,17–26

22. Mittwoch **Jesaja sprach: Weh mir, ich vergehe! Denn ich bin unreiner Lippen und wohne unter einem Volk von unreinen Lippen.** *Jesaja 6,5*

Paulus schreibt: **Ich war früher ein Lästerer und ein Verfolger und ein Frevler; aber mir ist Barmherzigkeit widerfahren.** *1. Timotheus 1,13*

Das muss ich dir, mein Gott, bekennen, das rühm ich, wenn ein Mensch mich fragt; ich kann es nur Erbarmung nennen, so ist mein ganzes Herz gesagt. Ich beuge mich und bin erfreut und rühme die Barmherzigkeit. 355,3 Philipp Friedrich Hiller

Kl: Römer 9,31–10,8 :: Bl: Lukas 6,27–35

23. Donnerstag **Meint ihr, dass ihr Gott täuschen werdet, wie man einen Menschen täuscht?** *Hiob 13,9*

Jesus sprach zu den Pharisäern: Ihr seid's, die ihr euch selbst rechtfertigt vor den Menschen; aber Gott kennt eure Herzen. *Lukas 16,15*

Es werde das zu aller Zeit auch von uns selbst bewiesen, was wir von dir mit Freudigkeit oft andern angepriesen. Es gehe Tat und Wort in gleichen Schritten fort, damit uns einst dein Zukunftstag erfreun und nicht beschämen mag. BG 759,4 Nikolaus Ludwig von Zinzendorf

Kl: Apostelgeschichte 15,22–31 :: Bl: Lukas 6,36–42

24. Freitag **Die sich halten an das Nichtige, verlassen ihre Gnade.** *Jona 2,9*

Tut nichts aus Eigennutz oder um eitler Ehre willen, sondern in Demut achte einer den andern höher als sich selbst. *Philipper 2,3*

Gott, lass dein Heil uns schauen, auf nichts Vergänglichs trauen, nicht Eitelkeit uns freun; lass uns einfältig werden und vor dir hier auf Erden wie Kinder fromm und fröhlich sein.
482,5 Matthias Claudius

Kl: Galater 5,1–6 :: Bl: Lukas 6,43–49

25. Samstag **Der Herr wird sich wieder über dich freuen, dir zugut, wie er sich über deine Väter gefreut hat.** *5. Mose 30,9*

Gelobt sei der Herr, der Gott Israels! Denn er ist seinem Volk zu Hilfe gekommen und hat es erlöst. Er hat uns einen starken Retter gesandt, einen Nachkommen seines Dieners David. *Lukas 1,68–69*

Der Herr ist noch und nimmer nicht von seinem Volk geschieden; er bleibet ihre Zuversicht, ihr Segen, Heil und Frieden. Mit Mutterhänden leitet er die Seinen stetig hin und her. Gebt unserm Gott die Ehre!
326,5 Johann Jakob Schütz

Kl: 5. Mose 33,1–4(7.12–16) :: Bl: Lukas 7,1–10

Bibelsonntag

3. SONNTAG NACH EPIPHANIAS

Es werden kommen von Osten und von Westen, von Norden und von Süden, die zu Tisch sitzen werden im Reich Gottes. *Lukas 13,29*

Wochenlied: 293

Ev: Matthäus 8,5–13 :: Ep: Römer 1,13–17

AT: 2. Könige 5,(1–8)9–15(16–18)19a

Pr: Johannes 4,5–14 :: Bl: Psalm 9

26. Sonntag **Das geknickte Rohr wird er nicht zerbrechen, und den glimmenden Docht wird er nicht auslöschen.** *Jesaja 42,3*

Jesus spricht: **Seht zu, dass ihr nicht eins dieser Geringen verachtet!** *Matthäus 18,10*

Einer soll heute dein Nächster sein, einer, der sonst nicht zählt, einer, der nicht mehr glauben kann, der sich mit Zweifeln quält. Einem sollst du heute Nächster sein, einem sollst du dich nahn, sollst an ihm tun, wie Jesus Christ selber an dir getan. Lindolfo Weingärtner

27. Montag **Erhöre uns nach der wunderbaren Gerechtigkeit, Gott, unser Heil.** *Psalm 65,6*

Das ist die Zuversicht, mit der wir vor ihm reden: Wenn wir um etwas bitten nach seinem Willen, so hört er uns. *1. Johannes 5,14*

Das Gebet ist kein gelegentlich anzuwendendes Mittel, nicht ein letzter Ausweg dann und wann. Es ist vielmehr ein fester Wohnsitz für das Innerste der Person. Alle Dinge haben eine Heimat: Der Vogel hat sein Nest, der Fuchs seinen Bau und die Bienen ihren Stock. Eine Seele ohne Gebet ist eine Seele ohne Heimat.

Abraham Joshua Heschel

Kl: Apostelgeschichte 16,9–15 :: Bl: Lukas 7,11–17

28. Dienstag **Herr, behüte mich wie einen Augapfel im Auge.** *Psalm 17,8*

Der Herr ist treu; der wird euch stärken und bewahren vor dem Bösen. *2. Thessalonicher 3,3*

Ach Hüter unsres Lebens, fürwahr, es ist vergebens mit unserm Tun und Machen, wo nicht dein Augen wachen
58,6 Paul Gerhardt

Kl: Römer 15,7–13 :: Bl: Lukas 7,18–23

29. Mittwoch **Mein Leben werde wert geachtet in den Augen des Herrn, und er errette mich aus aller Not!** *1. Samuel 26,24*

Ihr kennt die Gnade unseres Herrn Jesus Christus: Obwohl er reich ist, wurde er doch arm um euretwillen, auf dass ihr durch seine Armut reich würdet. *2. Korinther 8,9*

Ganz nah ist dein Wort, Herr, unser Gott, ganz nah deine Gnade. Begegne uns denn mit Macht und Erbarmen. Lass nicht zu, dass wir taub sind für dich, sondern offen mach uns und empfänglich für Jesus Christus, deinen Sohn, der kommen wird, damit er uns suche und rette, heute und täglich bis in Ewigkeit. Huub Oosterhuis

Kl: Rut 4,7–12 :: Bl: Lukas 7,24–35

30. Donnerstag **Der Herr ist meine Kraft.**
Habakuk 3,19

Darum werden wir nicht müde; sondern wenn auch unser äußerer Mensch verfällt, so wird doch der innere von Tag zu Tag erneuert. *2. Korinther 4,16*

Ohne dich, wo käme Kraft und Mut mir her? Ohne dich, wer nähme meine Bürde, wer? Ohne dich, zerstieben würden mir im Nu Glauben, Hoffen, Lieben, alles, Herr, bist du.
407,2 Cornelius Friedrich Adolf Krummacher

Kl: Apostelgeschichte 13,42–52 :: Bl: Lukas 7,36–50

31. Freitag **Herr, tue meine Lippen auf, dass mein Mund deinen Ruhm verkündige.** *Psalm 51,17*

Wir können's ja nicht lassen, von dem zu reden, was wir gesehen und gehört haben. *Apostelgeschichte 4,20*

Wunderbarer König, Herrscher von uns allen, lass dir unser Lob gefallen. Deine Vatergüte hast du lassen fließen, ob wir schon dich oft verließen. Hilf uns noch, stärk uns doch; lass die Zunge singen, lass die Stimme klingen. 327,1 Joachim Neander

Kl: Kolosser 1,(21–23)24–29 :: Bl: Lukas 8,1–3

FEBRUAR

Monatsspruch: Du tust mir kund den Weg zum Leben.
Psalm 16,11

1\. Samstag **Viele, die im Staub der Erde schlafen, werden aufwachen, die einen zum ewigen Leben, die andern zu ewiger Schmach und Schande.**
Daniel 12,2

Dazu ist Christus gestorben und wieder lebendig geworden, dass er über Tote und Lebende Herr sei.
Römer 14,9

Dann stehen Mensch und Mensch zusammen vor eines Herren Angesicht, und alle, alle schaun ins Licht, und er kennt jedermann mit Namen.
20,8 Jan Willem Schulte Nordholt/Jürgen Henkys
Kl: Offenbarung 15,1–4 :: Bl: Lukas 8,4–15

LETZTER SONNTAG NACH EPIPHANIAS

Über dir geht auf der HERR, und seine Herrlichkeit erscheint über dir. *Jesaja 60,2b*
Wochenlied: 67 oder 450
Ev: Matthäus 17,1–9 :: Ep: 2. Korinther 4,6–10
Pr/AT: 2. Mose 3,1–8a(8b.9)10(11–12)13–14(15)
Bl: Psalm 16

---

2. Sonntag **Nach dem Wort des HERRN brachen die Israeliten auf, und nach seinem Wort lagerten sie sich.** *4. Mose 9,18*

Durch den Glauben wurde Abraham gehorsam, als er berufen wurde, an einen Ort zu ziehen, den er erben sollte; und er zog aus und wusste nicht, wo er hinkäme. *Hebräer 11,8*

Vertraut den neuen Wegen, auf die uns Gott gesandt! Er selbst kommt uns entgegen. Die Zukunft ist sein Land. Wer aufbricht, der kann hoffen in Zeit und Ewigkeit. Die Tore stehen offen. Das Land ist hell und weit.
395,3 Klaus Peter Hertzsch

3. Montag **Die Hand unseres Gottes war über uns, und er errettete uns.** *Esra 8,31*

Paulus schreibt: **Was für Verfolgungen habe ich nicht erlitten – und aus allen hat mich der Herr errettet!** *2. Timotheus 3,11*

Es hilft mir einer wieder auf, wenn ich den Mut verlier. Das ist er, der mich kennt und liebt, mir täglich neue Kräfte gibt, ist früh und spät bei mir.
BG 481,3 Luděk Rejchrt/Benigna Carstens

Kl: 2. Korinther 3,(9–11)12–18 :: Bl: Lukas 8,16–21

4. Dienstag **Ist mein Wort nicht wie ein Feuer, spricht der HERR, und wie ein Hammer, der Felsen zerschmeißt?** *Jeremia 23,29*

Das Wort Gottes ist lebendig und wirksam. Es ist schärfer als jedes zweischneidige Schwert und dringt durch und durch. Es durchdringt Seele und Geist, Mark und Bein. Es urteilt über die Gedanken und die Einstellung des Herzens. *Hebräer 4,12*

Das Wort Gottes gibt uns nicht immer die Kraft, die Verhältnisse zu ändern, es kann uns aber die Kraft geben, sie im Glauben zu ertragen. Mikko Juva

Kl: Johannes 1,43–51 :: Bl: Lukas 8,22–25

5. Mittwoch Der Knecht Gottes sprach: **Ich bot meinen Rücken dar denen, die mich schlugen, und meine Wangen denen, die mich rauften. Mein Angesicht verbarg ich nicht vor Schmach und Speichel.** *Jesaja 50,6*

Jesus spricht: **Niemand hat größere Liebe als wer sein Leben einsetzt für seine Freunde.** *Johannes 15,13*

Ich glaube dich, Gott: weil ich nicht glauben kann, dass Jesus ins Leere lebte und starb; nicht glauben kann, dass der Tod mächtiger ist als das Leben.

Eleonore Beck

Kl: Offenbarung 1,(1.2)3–8 :: Bl: Lukas 8,26–39

6. Donnerstag **Der Herr sprach: Ich will hinfort nicht mehr die Erde verfluchen um der Menschen willen; denn das Dichten und Trachten des menschlichen Herzens ist böse von Jugend auf.** *1. Mose 8,21*

Gott hat seinen Sohn nicht in die Welt gesandt, dass er die Welt richte, sondern dass die Welt durch ihn gerettet werde. *Johannes 3,17*

Von Bildern des Schreckens sind wir täglich umgeben. Wir leiden Atemnot, aber wir ersticken nicht, denn es gibt eine Hoffnung, die uns durchhalten lässt, wo nichts mehr zu hoffen ist: deine Anwesenheit, Gott, inmitten aller Zerstörung. Selbst wenn es zum Äußersten kommt: Das Ende wird nicht das Ende sein. Sabine Naegeli

Kl: 2. Korinther 4,1–5 :: Bl: Lukas 8,40–56

7. Freitag **Gott, du bist mein Gott, den ich suche. Es dürstet meine Seele nach dir.** *Psalm 63,2*

Wen dürstet, der komme; wer da will, der nehme das Wasser des Lebens umsonst. *Offenbarung 22,17*

Gott, tausendfach suchen wir Wege dorthin, wo das Leben besser sein soll. Tausendfach sind wir allein, schutzlos, resigniert, erschöpft. Doch du, Gott, bist bei uns, wohin uns auch die Sehnsucht nach besserem Leben führt. Vera Sabine Winkler

Kl: Offenbarung 1,(9–11)12–18 :: Bl: Lukas 9,1–9

8. Samstag **Er hat ein Gedächtnis gestiftet seiner Wunder, der gnädige und barmherzige Herr.** *Psalm 111,4*

Der Kelch des Segens, den wir segnen, ist der nicht die Gemeinschaft des Blutes Christi? Das Brot, das wir brechen, ist das nicht die Gemeinschaft des Leibes Christi? *1. Korinther 10,16*

Bedenkt es stets in eurem Sinn: Er gab sein Leben für euch hin. Gerecht seid ihr durch seine Tat, nehmt an, was er verheißen hat.

BG 607,4 Charles Wesley/Ulrike Voigt

Kl: 4. Mose 6,22–27 :: Bl: Lukas 9,10–17

4. SONNTAG VOR DER PASSIONSZEIT

Kommt her und sehet an die Werke Gottes, der so wunderbar ist in seinem Tun an den Menschenkindern. *Psalm 66,5*

Wochenlied: 244

Pr/Ev: Markus 4,35–41 :: Ep: 2. Korinther 1,8–11

AT: Jesaja 51,9–16 :: Bl: Psalm 18,1–20

9. Sonntag **Du Menschenkind, alle meine Worte, die ich dir sage, die fasse mit dem Herzen und nimm sie zu Ohren!** *Hesekiel 3,10*

Der Same, der auf guten Boden gesät wurde: Hier ist einer, der das Wort hört und versteht. Der trägt dann Frucht – sei es hundertfach, sei es sechzigfach, sei es dreißigfach. *Matthäus 13,23*

Öffn uns die Ohren und das Herz, dass wir das Wort recht fassen, in Lieb und Leid, in Freud und Schmerz es aus der Acht nicht lassen; dass wir nicht Hörer nur allein des Wortes, sondern Täter sein, Frucht hundertfältig bringen.

196,2 David Denicke

10. Montag **Bei Gott ist Kraft und Einsicht. Sein ist, der da irrt und der irreführt.** *Hiob 12,16*

Gott will, dass alle Menschen gerettet werden und sie zur Erkenntnis der Wahrheit kommen. *1. Timotheus 2,4*

Du, der du selbst das Leben, der Weg, die Wahrheit bist, uns allen wollst du geben dein Heil, Herr Jesu Christ.

207,3 Straßburg 1850

Kl: Matthäus 21,18–22 :: Bl: Lukas 9,18–27

11. Dienstag **Du sollst den Geringen nicht vorziehen, aber auch den Großen nicht begünstigen.**

3. Mose 19,15

Haltet den Glauben an Jesus Christus, unsern Herrn der Herrlichkeit, frei von allem Ansehen der Person.

Jakobus 2,1

Komm in unser dunkles Herz, Herr, mit deines Lichtes Fülle; dass nicht Neid, Angst, Not und Schmerz deine Wahrheit uns verhülle, die auch noch in tiefer Nacht Menschenleben herrlich macht.

428,5 Hans von Lehndorff

Kl: Matthäus 8,28–34 :: Bl: Lukas 9,28–36

12. Mittwoch **Sie gieren alle, Klein und Groß, nach unrechtem Gewinn, und Propheten und Priester gehen alle mit Lüge um und heilen den Schaden meines Volks nur obenhin, indem sie sagen: »Friede! Friede!«, und ist doch nicht Friede.** *Jeremia 6,13–14*

Die Liebe sei ohne Falsch. Hasst das Böse, hängt dem Guten an. *Römer 12,9*

Was keiner wagt, das sollt ihr wagen. Was keiner sagt, das sagt heraus. Was keiner denkt, das wagt zu denken. Was keiner anfängt, das führt aus. Wenn keiner ja sagt, sollt ihr's sagen. Wenn keiner nein sagt, sagt doch nein. Wenn alle zweifeln, wagt zu glauben. Wenn alle mittun, steht allein. Wo alle loben, habt Bedenken. Wo alle spotten, spottet nicht. Wo alle geizen, wagt zu schenken. Wo alles dunkel ist, macht Licht. Lothar Zenetti

Kl: Nahum 1,2–6 :: Bl: Lukas 9,37–45

13. Donnerstag **Fragt nach den Wegen der Vorzeit, welches der gute Weg sei, und wandelt darin, so werdet ihr Ruhe finden für eure Seele!** *Jeremia 6,16*

Wir wünschen aber sehnlichst, dass jeder von euch den gleichen Eifer für die Erfüllung der Hoffnung zeige, bis ans Ende, und dass ihr nicht träge werdet, sondern es denen gleichtut, die durch Glauben und Geduld die Verheißungen erben. *Hebräer 6,11–12*

Du hast das Leben allen gegeben; gib uns heute dein gutes Wort! So geht dein Segen auf unsern Wegen, bis die Sonne sinkt, mit uns fort. Du bist der Anfang, dem wir vertrauen; du bist das Ende, auf das wir schauen; was immer kommen mag, du bist uns nah. Wir aber gehen, von dir gesehen, in dir geborgen durch Nacht und Morgen und singen ewig dir. Halleluja! Jörg Zink

Kl: Hosea 2,20–25 :: Bl: Lukas 9,46–50

14. Freitag **Er war so verachtet, dass man das Angesicht vor ihm verbarg; darum haben wir ihn für nichts geachtet.** *Jesaja 53,3*

Sehet, welch ein Mensch! *Johannes 19,5*

Menschen gehen zu Gott in seiner Not, finden ihn arm, geschmäht, ohne Obdach und Brot, sehn ihn verschlungen von Sünde, Schwachheit und Tod. Christen stehen bei Gott in seinen Leiden. Gott geht zu allen Menschen in ihrer Not, sättigt den Leib und die Seele mit seinem Brot, stirbt für Christen und Heiden den Kreuzestod und vergibt ihnen beiden. Dietrich Bonhoeffer

Kl: Kolosser 2,8–15 :: Bl: Lukas 9,51–56

15. Samstag **Mein Gott, des Tages rufe ich, doch antwortest du nicht, und des Nachts, doch finde ich keine Ruhe.** *Psalm 22,3*

Christus hat in den Tagen seines irdischen Lebens Bitten und Flehen mit lautem Schreien und mit Tränen vor den gebracht, der ihn aus dem Tod erretten konnte; und er ist erhört worden, weil er Gott in Ehren hielt. *Hebräer 5,7*

Wo bist du, mein Gott? Ich suche dich mit wachsender Verzweiflung, aber ich schreite nur durch leere Räume. Nimm die Nacht aus meinen Augen, dass ich dich erkenne und die Angst von mir weiche. Sabine Naegeli

Kl: Johannes 6,16–21 :: Bl: Lukas 9,57–62

---

3. SONNTAG VOR DER PASSIONSZEIT
SEPTUAGESIMAE

Wir liegen vor dir mit unserm Gebet und vertrauen nicht auf unsre Gerechtigkeit, sondern auf deine große Barmherzigkeit. *Daniel 9,18b*

Wochenlied: 342 oder 452 :: Ev: Matthäus 20,1–16
Ep: Philipper 2,12–13 :: AT: Jeremia 9,22–23
Pr: Prediger 7,15–18 :: Bl: Psalm 18,21–51

---

16. Sonntag **Er gibt dem Müden Kraft und Stärke genug dem Unvermögenden.** *Jesaja 40,29*

Paulus schreibt: **Der Herr hat zu mir gesagt: Lass dir an meiner Gnade genügen; denn meine Kraft vollendet sich in der Schwachheit.** *2. Korinther 12,9*

So greifen wir nach Gottes Hand, dass sie uns weiterführt, dass keiner sich und seinen Weg am Ende noch verliert. BG 828,2 Ansgar Spinrath

17. Montag **Von deiner Wahrheit und von deinem Heil rede ich, HERR. Ich verhehle deine Güte und Treue nicht vor der großen Gemeinde.** *Psalm 40,11*

Paulus schreibt: **Wir fanden in unserm Gott den Mut, bei euch das Evangelium Gottes zu sagen in hartem Kampf.** *1. Thessalonicher 2,2*

Er mache uns im Glauben kühn und in der Liebe reine. Er lasse Herz und Zunge glühn, zu wecken die Gemeine. Und ob auch unser Auge nicht in seinen Plan mag dringen: er führt durch Dunkel uns zum Licht, lässt Schloss und Riegel springen. Des wolln wir fröhlich singen!
259,3 Friedrich Spitta

Kl: Lukas 19,1–10 :: Bl: Lukas 10,1–16

18. Dienstag **Du wirst erfahren, dass ich der HERR bin, an dem nicht zuschanden werden, die auf mich harren.** *Jesaja 49,23*

Wenn sie euch aber vor die Gerichte der Synagogen und vor die Machthaber und vor die Behörden führen, dann sorgt euch nicht, wie oder womit ihr euch verteidigen oder was ihr sagen sollt, denn der heilige Geist wird euch in jener Stunde lehren, was ihr sagen müsst. *Lukas 12,11–12*

Du hast die Angst der Macht beraubt, das Maß der Welt verwandelt. Die wahre Macht hat nur, wer glaubt und aus dem Glauben handelt. Wir danken dir, Herr Jesu Christ, dass dir die Macht gegeben ist im Himmel und auf Erden.
BG 343,4 Detlev Block

Kl: 5. Mose 7,6–12 :: Bl: Lukas 10,17–24

19. Mittwoch **Wenn der Herr nicht das Haus baut, so arbeiten umsonst, die daran bauen.** *Psalm 127,1*

Simon sprach: Meister, wir haben die ganze Nacht gearbeitet und nichts gefangen; aber auf dein Wort hin will ich die Netze auswerfen. Und als sie das taten, fingen sie eine große Menge Fische. *Lukas 5,5–6*

Gib, dass ich tu mit Fleiß, was mir zu tun gebühret, wozu mich dein Befehl in meinem Stande führet. Gib, dass ich's tue bald, zu der Zeit, da ich soll, und wenn ich's tu, so gib, dass es gerate wohl.
495,2 Johann Heermann

Kl: Römer 4,1–8 :: Bl: Lukas 10,25–37

20. Donnerstag **Der Herr wird seinem Volk Recht schaffen, und über seine Knechte wird er sich erbarmen.** *5. Mose 32,36*

Sollte Gott nicht auch Recht schaffen seinen Auserwählten, die zu ihm Tag und Nacht rufen, und sollte er bei ihnen lange warten? *Lukas 18,7*

Gott, inmitten der Ungerechtigkeit und Spaltung der Welt warten alle Geschöpfe seufzend auf die Erlösung und die Auferstehung. Wir glauben an den Heiligen Geist, der an unserer Stelle, die wir nicht wissen, was wir beten sollen, für uns seufzt und betet. Lass die gespaltenen Völker und Kirchen eins werden und sich vorbereiten, damit dein Reich auf diese Welt kommt. Im Namen Jesu Christi beten wir, dass deine Herrschaft, dein Friede und deine Gerechtigkeit in diese Welt kommt. Gebet koreanischer Christinnen

Kl: 1. Korinther 3,(1–3)4–8 :: Bl: Lukas 10,38–42

21. Freitag **Weide dein Volk mit deinem Stabe.**
Micha 7,14

Christus selbst hat die einen als Apostel eingesetzt, die anderen als Propheten, andere als Verkündiger des Evangeliums und wieder andere als Hirten und Lehrer, um die Heiligen auszurüsten für die Ausübung ihres Dienstes. So wird der Leib Christi aufgebaut. *Epheser 4,11–12*

Du guter Hirt, Herr Jesus Christ, steh deiner Kirche bei, dass über allem, was da ist, ein Herr, ein Glaube sei.
265,4 Georg Thurmair

Kl: Maleachi 3,13–18 :: Bl: Lukas 11,1–4

22. Samstag **Was recht ist, dem sollst du nachjagen, damit du leben kannst.** *5. Mose 16,20*

Selig sind, die da hungert und dürstet nach der Gerechtigkeit; denn sie sollen satt werden.
Matthäus 5,6

Wenn des Tages Licht durch die Wolken bricht aus Gottes Haus hell herein, soll Gerechtigkeit, Friede in der Zeit Gottes Liebe zum Spiegel sein. Leb Gottes Zeit und mach dich bereit, hereinzunehmen allein Friede in die Zeit und Gerechtigkeit, um ein Spiegel für Gott zu sein.
BG 850,3 Tore Littmarck/Helge Heisler

Kl: 1. Korinther 1,26–31 :: Bl: Lukas 11,5–13

2. SONNTAG VOR DER PASSIONSZEIT
SEXAGESIMAE

Heute, wenn ihr seine Stimme hört, so verstockt eure Herzen nicht. *Hebräer 3,15*

Wochenlied: 196 oder 199

Ev: Lukas 8,4–8(9–15) :: Ep: Hebräer 4,12–13

AT: Jesaja 55,(6–7)8–12a :: Pr: Apostelgeschichte 16,9–15

Bl: Psalm 15

---

23. Sonntag So spricht der HERR: **Ich will mich selbst als Wache um mein Haus lagern.** *Sacharja 9,8*

Jesus stand auf und bedrohte den Wind und die Wogen des Wassers, und sie legten sich und es ward eine Stille. Er sprach aber zu den Jüngern: Wo ist euer Glaube? *Lukas 8,24–25*

Wir bitten dich gemeinschaftlich: Fahr fort in künftgen Jahren, so wie bis heute gnädiglich die Deinen zu bewahren! Lass der Gemeine sel'gen Gang durch nichts gestöret werden und deiner Liebe Überschwang erleichtre die Beschwerden!

BG 505,5 Nikolaus Ludwig von Zinzendorf

24. Montag **Ihr trinkt den Wein kübelweise und verwendet die kostbarsten Parfüme; aber dass euer Land in den Untergang treibt, lässt euch kalt.** *Amos 6,6*

Betrinkt euch nicht; denn zu viel Wein verführt zu einem liederlichen Lebenswandel. Lasst euch lieber vom Geist Gottes erfüllen! *Epheser 5,18*

Gib mir Verstand aus deiner Höh, auf dass ich ja nicht ruh und steh auf meinem eignen Willen; sei du mein Freund und treuer Rat, was recht ist, zu erfüllen. Was dir gefällt, das lass auch mir, o meiner Seelen Sonn und Zier, gefallen und belieben; was dir zuwider, lass mich nicht in Werk und Tat verüben. 497,5.7 Paul Gerhardt

Kl: 5. Mose 32,44–47 :: Bl: Lukas 11,14–26

25. Dienstag **Der HERR ist meine Macht und mein Psalm und ist mein Heil.** *Psalm 118,14*

Leidet jemand unter euch, der bete; ist jemand guten Mutes, der singe Psalmen. *Jakobus 5,13*

Gott ist mein Lied; er ist der Gott der Stärke. Herr ist sein Nam, und groß sind seine Werke und alle Himmel sein Gebiet. Kein Sperling fällt, Herr, ohne deinen Willen. Sollt ich mein Herz nicht mit dem Troste stillen, dass Gottes Hand mein Leben hält?
BG 48,1.8 Christian Fürchtegott Gellert

Kl: Amos 8,(4–10)11.12 :: Bl: Lukas 11,27–32

26. Mittwoch **Wer bestimmt den Geist des HERRN, und welcher Ratgeber unterweist ihn?** *Jesaja 40,13*

Der Wind bläst, wo er will, und du hörst sein Sausen wohl; aber du weißt nicht, woher er kommt und wohin er fährt. So ist ein jeder, der aus dem Geist geboren ist. *Johannes 3,8*

Komm, o Gott, du Geist des Lebens, Gesicht der Barmherzigkeit, Geruch der Heiligkeit, Geschmack der Unendlichkeit, Geräusch der Zärtlichkeit, Gespür für die Ewigkeit. Wir warten auf dich! Ulrike Wagner-Rau

Kl: Lukas 6,43–49 :: Bl: Lukas 11,33–36

27. Donnerstag **Dient dem HERRN von ganzem Herzen. Und weicht nicht ab; folgt nicht denen, die nichts sind, die nichts nützen und nicht retten können, denn sie sind nichts!** *1. Samuel 12,20–21*

Werdet nicht unverständig, sondern versteht, was der Wille des Herrn ist. *Epheser 5,17*

Ich weiß, mein Gott, dass all mein Tun und Werk in deinem Willen ruhn, von dir kommt Glück und Segen; was du regierst, das geht und steht auf rechten, guten Wegen.

497,1 Paul Gerhardt

Kl: 1. Thessalonicher 1,2–10 :: Bl: Lukas 11,37–54

28. Freitag **Du hast Menschen über unser Haupt fahren lassen, wir sind in Feuer und Wasser gekommen. Aber du hast uns herausgeführt und erquickt.** *Psalm 66,12*

Paulus schreibt: **Wir leiden Verfolgung, aber wir werden nicht verlassen. Wir werden unterdrückt, aber wir kommen nicht um. Wir tragen allezeit das Sterben Jesu an unserm Leibe, auf dass auch das Leben Jesu an unserm Leibe offenbar werde.** *2. Korinther 4,9–10*

Die Angst vor der Übermacht der anderen lasse ich dir. Du warst wehrlos zwischen den Mächtigen. Die Mächtigen sind untergegangen. Du lebst. Ich lasse mich dir. Ich gehöre dir, Gott. Du hast mich in deiner guten Hand.

Jörg Zink

Kl: 2. Timotheus 3,(10–13)14–17 :: Bl: Lukas 12,1–12

MÄRZ

Monatsspruch: Wenn bei dir ein Fremder in eurem Land lebt, sollt ihr ihn nicht unterdrücken. *3. Mose 19,33*

1. Samstag **Denkt an den Anfang, an das, was schon immer war: Ich bin Gott und keiner sonst, ich bin Gott, und meinesgleichen gibt es nicht.** *Jesaja 46,9*

Ich bin das A und das O, spricht Gott der Herr, der da ist und der da war und der da kommt, der Allmächtige. *Offenbarung 1,8*

Lass uns deine Herrlichkeit sehen auch in dieser Zeit und mit unsrer kleinen Kraft suchen, was den Frieden schafft. Erbarm dich, Herr.
262,6 Nach Christian David

Kl: Matthäus 13,31–35 :: Bl: Lukas 12,13–21

1. März 1457: Anfang der Brüder-Unität in Böhmen

SONNTAG VOR DER PASSIONSZEIT – ESTOMIHI
(Sei mir ein starker Fels! Psalm 31,3)

Seht, wir gehen hinauf nach Jerusalem, und es wird alles vollendet werden, was geschrieben ist durch die Propheten von dem Menschensohn. *Lukas 18,31*

Wochenlied: 401

Ev: Markus 8,31–38 :: Ep: 1. Korinther 13,1–13

AT: Amos 5,21–24 :: Pr: Lukas 10,38–42 :: Bl: Psalm 6

---

2. Sonntag **Der Herr erlöste sie, weil er sie liebte und Erbarmen mit ihnen hatte. Er nahm sie auf und trug sie allezeit von alters her.** *Jesaja 63,9*

Und siehe, zwei Blinde saßen am Wege; und als sie hörten, dass Jesus vorüberging, schrien sie und sprachen: Ach, Herr, du Sohn Davids, erbarme dich unser! *Matthäus 20,30*

Dunkel scheinen mir die Tage und ich sehe oft kein Licht. Gott, erhöre meine Klage, sei uns nah, verlass uns nicht! Lass die Hoffnung in uns wachsen: Leben schafft sich wieder Raum. Und das Holz des Kreuzes Jesu wird für uns zum Lebensbaum. BG 245,2 Renate Schiller

3. Montag **Erforsche mich, Gott, und erkenne mein Herz; prüfe mich und erkenne, wie ich's meine. Und sieh, ob ich auf bösem Wege bin, und leite mich auf ewigem Wege.** *Psalm 139,23–24*

Wie eng ist die Pforte und wie schmal der Weg, der zum Leben führt. *Matthäus 7,14*

Wir loben deine Treue, du Heiland Jesu Christ. Lass uns erfahrn auf's Neue, wie nahe du uns bist! Du öffnest uns die Pforte, den Weg zu deinem Reich. Wir folgen deinem Worte; vor dir sind alle gleich. Heinz Schmidt

Kl: Lukas 13,31–35 :: Bl: Lukas 12,22–34

4. Dienstag **Freue dich und sei fröhlich, du Tochter Zion! Denn siehe, ich komme und will bei dir wohnen, spricht der Herr.** *Sacharja 2,14*

Als Jesus in Jerusalem einzog, erregte sich die ganze Stadt und sprach: Wer ist der? *Matthäus 21,10*

Der durch die Welt geht und die Zeit, ruft nicht, wie man beim Jahrmarkt schreit. Er spricht das Herz an, heute, und sammelt seine Leute. Und blieben wir auch lieber stehn – zu wem denn sollen wir sonst gehn? Er will uns alles geben, die Wahrheit und das Leben.
313,3 Ad den Besten/Jürgen Henkys
Kl: Lukas 5,33–39 :: Bl: Lukas 12,35–48

Beginn der Passionszeit

5. Mittwoch **Eure Sünden haben des HERRN Angesicht vor euch verdeckt, so dass er nicht hört.**
Jesaja 59,2

Der Sünde Sold ist der Tod; die Gabe Gottes aber ist das ewige Leben in Christus Jesus, unserm Herrn.
Römer 6,23

Jesus, du kamst von dem Throne, der gebührt dem Gottessohne; dass die Schuld vernichtet werde, kamst du auf die Menschenerde, gingst in menschlichem Gewande, uns zu lösen von dem Bande, mit dem Sünd und Todsgewalten uns in ihrer Macht sonst halten.
BG 230,1 Johann Amos Comenius/Theodor Gill
Kl: Matthäus 6,16–21 :: Bl: Lukas 12,49–53

6. Donnerstag **Vom Aufgang der Sonne bis zu ihrem Niedergang ist mein Name herrlich unter den Völkern, spricht der HERR Zebaoth.** *Maleachi 1,11*

Jesus spricht: Viele werden kommen von Osten und von Westen und mit Abraham und Isaak und Jakob im Himmelreich zu Tisch sitzen. *Matthäus 8,11*

Gott Abrahams sei Preis, des Herrschaft ewig ist, der schon von Anfang an ein Gott der Liebe ist. Die Schöpfung singt von ihm: Sein Name ist ICH BIN. Ich beuge mich vor ihm und gebe mich ihm hin.

BG 31,1 Moses Maimonides/Lothar Pöll

Kl: Kolosser 3,(5–7)8–11 :: Bl: Lukas 12,54–59

Weltgebetstag – Frauen laden ein

7. Freitag **Wo viel Worte sind, da geht's ohne Sünde nicht ab; wer aber seine Lippen im Zaum hält, ist klug.** *Sprüche 10,19*

Eure Rede aber sei: Ja, ja; nein, nein. Was darüber ist, das ist vom Bösen. *Matthäus 5,37*

Möge unsere Aufmerksamkeit anderen zum Leben verhelfen. Möge unser Lächeln andere glücklich machen. Mögen unsere Worte dem Leben dienen. Möge unsere Gegenwart anderen eine Hilfe sein. Möge Gott unserem Zeugnis Kraft geben. Aus Frankreich

Kl: Esra 9,5–9.13–15 :: Bl: Lukas 13,1–9

8. Samstag **So spricht der Herr: Suchet mich, so werdet ihr leben.** *Amos 5,4*

Simon Petrus sprach zu Jesus: Herr, wohin sollen wir gehen? Du hast Worte des ewigen Lebens. *Joh. 6,68*

Ach sucht doch den, lasst alles stehn, die ihr das Heil begehret; er ist der Herr, und keiner mehr, der euch das Heil gewähret. Sucht ihn all Stund von Herzensgrund, sucht ihn allein; denn wohl wird sein dem, der ihn herzlich ehret. 346,3 Georg Weissel

Kl: Daniel 5,1–7.17–30 :: Bl: Lukas 13,10–17

1. SONNTAG DER PASSIONSZEIT – INVOKAVIT
(Er ruft mich an, darum will ich ihn erhören.
Psalm 91,15)

Dazu ist erschienen der Sohn Gottes, dass er die Werke des Teufels zerstöre. *1. Johannes 3,8b*

Wochenlied: 347 oder 362

Ev: Matthäus 4,1–11 :: Pr/Ep: Hebräer 4,14–16

AT: 1. Mose 3,1–19(20–24) :: Bl: Psalm 10

9. Sonntag **Es freue sich das Herz derer, die den Herrn suchen!** *Psalm 105,3*

Der Gott der Hoffnung aber erfülle euch mit aller Freude und Frieden im Glauben, dass ihr immer reicher werdet an Hoffnung durch die Kraft des Heiligen Geistes. *Römer 15,13*

Du durchdringest alles; lass dein schönstes Lichte, Herr, berühren mein Gesichte. Wie die zarten Blumen willig sich entfalten und der Sonne stille halten, lass mich so still und froh deine Strahlen fassen und dich wirken lassen.

165,6 Gerhard Tersteegen

10. Montag **Ich liege und schlafe ganz mit Frieden; denn allein du, Herr, hilfst mir, dass ich sicher wohne.** *Psalm 4,9*

Jesus spricht: **Frieden lasse ich euch, meinen Frieden gebe ich euch. Nicht gebe ich euch, wie die Welt gibt. Euer Herz erschrecke nicht und fürchte sich nicht.** *Johannes 14,27*

Ein neuer Tag ist längst bereit, wenn wir ihn noch nicht sehn. Und Licht fällt schon auf unsern Weg, wenn wir im Finstern gehn. Dein Kommen, Herr, hast du uns hier und heute zugesagt. So gehen wir durch Tag und Nacht, bis es für immer tagt.
BG 828,3–4 Ansgar Spinrath
Kl: Jakobus 1,1–6(7–11)12.13 :: Bl: 3. Mose 1,1–9

11. Dienstag **Josua sprach zum Volk: Ihr seid Zeugen gegen euch selbst, dass ihr euch den HERRN erwählt habt, um ihm zu dienen. Und sie sprachen: Ja!** *Josua 24,22*

Brüder und Schwestern, bemüht euch umso eifriger, eure Berufung und Erwählung festzumachen. Denn wenn ihr dies tut, werdet ihr niemals straucheln, und so wird euch reichlich gewährt werden der Eingang in das ewige Reich unseres Herrn und Heilands Jesus Christus. *2. Petrus 1,10–11*

Entscheidet euch, sagt heute: Ja. Die angenehme Zeit ist da. Folgt heute freudig seinem Ruf, lebt dem, der neues Leben schuf. BG 607,5 Charles Wesley/Ulrike Voigt
Kl: Hiob 1,1–22 :: Bl: 3. Mose 8,1–13

12. Mittwoch **Zur selben Zeit und in jenen Tagen wird man die Missetat Israels suchen, spricht der HERR, aber es wird keine da sein, und die Sünden Judas, aber es wird keine gefunden werden; denn ich will sie vergeben.** *Jeremia 50,20*

Durch seine Wunden seid ihr heil geworden. *1. Petrus 2,24*

Gebt, ihr Sünder, ihm die Herzen, klagt, ihr Kranken, ihm die Schmerzen, sagt, ihr Armen, ihm die Not. Wunden müssen Wunden heilen, Heilsöl weiß er auszuteilen, Reichtum schenkt er nach dem Tod.
123,7 Philipp Friedrich Hiller

Kl: 1. Korinther 10,9–13 :: Bl: 3. Mose 9,1–24

13. Donnerstag **Noah fand Gnade vor dem Herrn.**
1. Mose 6,8

Ihr seid ein auserwähltes Geschlecht, ein königliches Priestertum, ein heiliges Volk, ein Volk zum Eigentum, dass ihr verkündigen sollt die Wohltaten dessen, der euch berufen hat aus der Finsternis in sein wunderbares Licht. *1. Petrus 2,9*

So kennt der Herr die Seinen, wie er sie stets gekannt, die Großen und die Kleinen in jedem Volk und Land am Werk der Gnadentriebe durch seines Geistes Stärk, an Glauben, Hoffnung Liebe als seiner Gnade Werk.
358,5 Philipp Spitta

Kl: Jakobus 4,1–10 :: Bl: 3. Mose 16,1–22

14. Freitag **Der Herr wird König sein über alle Lande. An jenem Tag wird der Herr der einzige sein und sein Name der einzige.** *Sacharja 14,9*

Es ist über alle derselbe Herr, reich für alle, die ihn anrufen. *Römer 10,12*

Christus, unser Haupt und König, welchem alles untertänig und dem kein Geschöpf zu wenig, herrscht im Himmel und auf Erd. BG 350,1 Christian Gregor

Kl: Hebräer 2,11–18 :: Bl: 3. Mose 18,1–6.19–24

15. Samstag **Du sollst mit einem neuen Namen genannt werden, welchen des HERRN Mund nennen wird.** *Jesaja 62,2*

Wenn jemand zu Christus gehört, gehört er schon zur neuen Schöpfung. Das Alte ist vergangen, etwas Neues ist entstanden! *2. Korinther 5,17*

Gott gibt mir meinen Namen; er sagt mir, wer ich bin. Er steckt den Lebensrahmen und gibt dem Leben Sinn. Mein Kummer und mein Glück, mein Alltag, mein Geschick sind mitten in der Zeit ein Stück der Ewigkeit.
BG 579,2 Peter Spangenberg

Kl: 2. Thessalonicher 3,1–5 :: Bl: 3. Mose 19,1–18

Gebetstag für bedrängte und verfolgte Christen

---

2. SONNTAG DER PASSIONSZEIT – REMINISZERE
(Gedenke, HERR, an deine Barmherzigkeit! Psalm 25,6)

Gott erweist seine Liebe zu uns darin, dass Christus für uns gestorben ist, als wir noch Sünder waren.
Römer 5,8

Wochenlied: 94 oder 96
Pr/Ev: Johannes 3,14–21 :: Ep: Römer 5,1–5(6–11)
AT: Jesaja 5,1–7 :: Bl: Psalm 25

---

16. Sonntag **Ich sprach, als es mir gut ging: Ich werde nimmermehr wanken. Aber als du dein Antlitz verbargest, erschrak ich.** *Psalm 30,7.8*

Jesus spricht: **Ihr habt nun Traurigkeit; aber ich will euch wiedersehen, und euer Herz soll sich freuen, und eure Freude soll niemand von euch nehmen.**
Johannes 16,22

Gott, unser Herr, wir sind der Verzweiflung nahe, aber dennoch bleibt unsre Hoffnung bestehen, denn wir wissen, dass du dich um uns sorgst. Manchmal weinen wir stille Tränen und flehen mit Inbrunst. Wir kommen zu dir, du bist unsere einzige Hoffnung und Zuflucht. Danke, dass du uns das Lachen schenkst, selbst wenn das Leben hart ist. Mit dir, o Herr, werden wir nicht zerstört, auch wenn wir viele Sorgen haben.

Farai Chirisa, Simbabwe

17. Montag **Wo ist solch ein Gott, wie du bist, der die Sünde vergibt und erlässt die Schuld denen, die geblieben sind als Rest seines Erbteils; der an seinem Zorn nicht ewig festhält, denn er hat Gefallen an Gnade!** *Micha 7,18*

Maria sprach: **Gott gedenkt der Barmherzigkeit und hilft seinem Diener Israel auf.** *Lukas 1,54*

Der Herr gedenkt an sein Erbarmen, und seine Wahrheit stehet fest; er trägt sein Volk auf seinen Armen und hilft, wenn alles uns verlässt. Bald schaut der ganze Kreis der Erde, wie unsers Gottes Huld erfreut. Gott will, dass sie ein Eden werde; rühm, Erde, Gottes Herrlichkeit! 286,2 Matthias Jorissen

Kl: Galater 6,(11–13)14–18 :: Bl: 3. Mose 19,31–37

18. Dienstag **HERR, du bist meine Stärke und Kraft und meine Zuflucht in der Not!** *Jeremia 16,19*

Paulus schreibt: **Ich weiß, an wen ich glaube, und bin gewiss, dass er bewahren kann, was mir anvertraut ist, bis an jenen Tag.** *2. Timotheus 1,12*

Du, Gottmeinlieber, bist mein Gott. Bist da für mich, meinst mich. Du verlässt mich nicht. Egal, was passiert. Auch in der größten Not. Wenn das Wasser mir bis zum Hals steht. Wenn Dürre und Hitze mir zusetzen. Selbst wenn ich dem Tod in seine hässliche Fratze schaue. Du bist da. Natürlich weißt du, dass ich das nicht immer fühle. Natürlich weißt du, dass, wenn mir die Luft zum Atmen fehlt, mir nicht zum Jubel und Dank zumute ist. Du aber willst Mut machen. Willst mich stärken. Gegen allen Schrecken, gegen allen Schmerz. Und das Vertrauen in mir wach halten, dass du da bist. Für mich. Stefan Richter

Kl: Hiob 2,1–10 :: Bl: 3. Mose 25,1–12

19. Mittwoch **Hiob antwortete dem HERRN: Siehe, ich bin zu gering, was soll ich antworten? Ich will meine Hand auf meinen Mund legen.** *Hiob 40,3–4*

Paulus schreibt: **Jetzt erkenne ich stückweise; dann aber werde ich erkennen, gleichwie ich erkannt bin.** *1. Korinther 13,12*

Da ich deine Werke sehe, die ich nur begrenzt verstehe, weil dein Geist zu mächtig ist, will's mir wie ein Wunder scheinen, dass du von uns Menschen keinen jemals preisgibst und vergisst. Arnd Herrmann

Kl: Johannes 16,29–33 :: Bl: 3. Mose 25,35–43

20. Donnerstag **Wenn ich dich anrufe, so erhörst du mich und gibst meiner Seele große Kraft.** *Psalm 138,3*

Jesus spricht: **Wer da bittet, der empfängt; und wer da sucht, der findet; und wer da anklopft, dem wird aufgetan.** *Lukas 11,10*

Wir dürfen wissen, dass Gott weiß, was wir bedürfen, ehe wir darum bitten. Das gibt unserem Gebet größte Zuversicht und fröhliche Gewissheit.

Dietrich Bonhoeffer

Kl: 1. Johannes 1,8–2,2 :: Bl: Lukas 18,31–43

21. Freitag **Den Demütigen wird der HERR Gnade geben.** *Sprüche 3,34*

Es entstand auch ein Streit unter den Jüngern, wer von ihnen als der Größte gelten könne. Jesus aber sagte zu ihnen: Die Könige herrschen über ihre Völker, und die Macht über sie haben, lassen sich als Wohltäter feiern. Unter euch aber soll es nicht so sein, sondern der Größte unter euch werde wie der Jüngste, und wer herrscht, werde wie einer, der dient. *Lukas 22,24–26*

So prüfet euch doch selbst, ob ihr im Glauben stehet, ob Christus in euch ist, ob ihr ihm auch nachgehet in Demut und Geduld, in Sanftmut, Freundlichkeit; in Lieb dem Nächsten stets zu dienen seid bereit.

Gotthelf August Francke

Kl: Hebräer 9,11–15 :: Bl: Lukas 19,1–10

22. Samstag **Es kommt die Zeit, da werde ich meinen Geist ausgießen über alle Menschen.** *Joel 3,1*

Petrus sprach: **Jesus ist nun zur Rechten Gottes erhöht und hat vom Vater die verheißene Gabe, den heiligen Geist, empfangen, den er jetzt ausgegossen hat, wie ihr seht und hört.** *Apostelgeschichte 2,33*

Der Heilige Geist ist an keine Vorschrift gebunden, der agiert souverän, dem ist kein Volk zu weit, kein Erdboden zu verwünscht, keine Gegend zu finster, kein Mensch zu dumm oder zu klug, kein Greis zu weise und kein Wiegenkind zu unfähig. Er kann und will seine Wirkung auf's Herz haben, und das ist alles, was wir brauchen. Er ist ein Lehrer, dem wir kein theologisches System vorschreiben müssen. Nikolaus Ludwig von Zinzendorf

Kl: Galater 2,16–21 :: Bl: Lukas 19,11–27

---

3. SONNTAG DER PASSIONSZEIT – OKULI

(Meine Augen sehen stets auf den HERRN. Psalm 25,15)

Wer die Hand an den Pflug legt und sieht zurück, der ist nicht geschickt für das Reich Gottes. *Lukas 9,62*

Wochenlied: 391

Ev: Lukas 9,57–62 :: Ep: Epheser 5,1–2(3–7)8–9

AT: 1. Könige 19,1–8(9–13a)

Pr: Jeremia 20,7–11a(11b–13) :: Bl: Psalm 34

---

23. Sonntag **Ich will des Morgens rühmen deine Güte; denn du bist mir Schutz und Zuflucht in meiner Not.** *Psalm 59,17*

Paulus schreibt: **Gottes Hilfe habe ich erfahren bis zum heutigen Tag und stehe nun hier und bin sein Zeuge bei Klein und Groß.** *Apostelgeschichte 26,22*

Dank will ich dir, Gott, früh am Morgen bringen, durch Jesus Christus dir mein Loblied singen: Dein Arm ist diese Nacht um mich gewesen, hat mich bewahrt vor aller Macht des Bösen. In deiner Obhut, durch dein Schuldvergeben lass mich auch heut zu deinem Lobe leben. Johann Amos Comenius

24. Montag **Es ist der HERR; er tue, was ihm wohlgefällt.** *1. Samuel 3,18*

Spricht Jesus zu ihnen: Kommt und haltet das Mahl! Niemand aber unter den Jüngern wagte, ihn zu fragen: Wer bist du? Denn sie wussten: Es ist der Herr. *Johannes 21,12*

Immer wieder hören wir dein Wort, immer wieder ist dein Mahl bereitet. Und wir spüren es an jedem Ort, dass uns deine Gegenwart begleitet. Sabine Leonhardt

Kl: Lukas 14,(25.26)27–33(34–35) :: Bl: Lukas 19,28–40

25. Dienstag **Noah war ein frommer Mann und ohne Tadel zu seinen Zeiten; er wandelte mit Gott.** *1. Mose 6,9*

Wie der, der euch berufen hat, heilig ist, sollt auch ihr heilig sein in eurem ganzen Wandel. *1. Petrus 1,15*

Gott Vater, Sohn und Heilger Geist, o Segensbrunn, der ewig fließt: durchfließ Herz, Sinn und Wandel wohl, mach uns deins Lobs und Segens voll!
140,5 Gerhard Tersteegen

Kl: Hiob 7,11–21 :: Bl: Lukas 19,41–48

26. Mittwoch **Als einer im Elend rief, hörte der HERR und half ihm aus allen seinen Nöten.** *Psalm 34,7*

Jesus spricht: **Kommt her zu mir, alle, die ihr mühselig und beladen seid; ich will euch erquicken.** *Matthäus 11,28*

Gott hat uns nicht geschaffen, um uns in der Not zu verlassen. Michelangelo

Kl: Matthäus 19,16–26 :: Bl: Lukas 20,1–8

27. Donnerstag **Lobet Gott in den Versammlungen.**
Psalm 68,27

Sie waren täglich einmütig beieinander im Tempel und brachen das Brot hier und dort in den Häusern, hielten die Mahlzeiten mit Freude und lauterem Herzen und lobten Gott und fanden Wohlwollen beim ganzen Volk. *Apostelgeschichte 2,46–47*

Dich, Gott Vater auf dem Thron, loben Große, loben Kleine. Deinem eingebornen Sohn singt die heilige Gemeinde, und sie ehrt den Heilgen Geist, der uns seinen Trost erweist.
331,5 Ignaz Franz

Kl: 1. Thess. 2,13.14(15.16)17–20 :: Bl: Lukas 20,9–19

28. Freitag **Der Herr Zebaoth wird Jerusalem beschirmen, wie Vögel es tun mit ihren Flügeln, er wird beschirmen und erretten, schonen und befreien.**
Jesaja 31,5

Jesus sprach zu den Jüngern: **Geht hin zu den verlorenen Schafen aus dem Hause Israel. Geht aber und predigt und sprecht: Das Himmelreich ist nahe herbeigekommen.** *Matthäus 10,6–7*

Tochter Zion, freue dich, jauchze laut, Jerusalem! Sieh, dein König kommt zu dir, ja er kommt, der Friedefürst. Tochter Zion, freue dich, jauchze laut, Jerusalem!
13,1 Friedrich Heinrich Ranke

Kl: Markus 9,38–41(42–47) :: Bl: Lukas 20,20–26

29. Samstag **Der Herr ist in seinem heiligen Tempel. Es sei stille vor ihm alle Welt!** *Habakuk 2,20*

Jesus lehrte und sprach zu ihnen: Steht nicht geschrieben: Mein Haus wird ein Bethaus heißen für alle Völker? *Markus 11,17*

Gott ist gegenwärtig. Lasset uns anbeten und in Ehrfurcht vor ihn treten. Gott ist in der Mitte. Alles in uns schweige und sich innigst vor ihm beuge. Wer ihn kennt, wer ihn nennt, schlag die Augen nieder; kommt, ergebt euch wieder.
165,1 Gerhard Tersteegen

Kl: Matthäus 16,24–27(28) :: Bl: Lukas 20,27–40

---

4. SONNTAG DER PASSIONSZEIT – LÄTARE
(Freuet euch mit Jerusalem! Jesaja 66,10)

Wenn das Weizenkorn nicht in die Erde fällt und erstirbt, bleibt es allein; wenn es aber erstirbt, bringt es viel Frucht. *Johannes 12,24*

Wochenlied: 98 oder 396
Ev: Johannes 12,20–24 :: Ep: 2. Korinther 1,3–7
AT: Jesaja 54,7–10 :: Pr: Johannes 6,47–51
Bl: Psalm 84

---

30. Sonntag **Er ist der Herr, unser Gott, er richtet in aller Welt.** *Psalm 105,7*

Selig sind, die um der Gerechtigkeit willen verfolgt werden; denn ihrer ist das Himmelreich. *Matthäus 5,10*

Gott will im Dunkel wohnen und hat es doch erhellt. Als wollte er belohnen, so richtet er die Welt. Der sich den Erdkreis baute, der lässt den Sünder nicht. Wer hier dem Sohn vertraute, kommt dort aus dem Gericht.
16,5 Jochen Klepper

31. Montag **Alle deine Geschöpfe sollen dich preisen, HERR, alle, die zu dir gehören, sollen dir danken!** *Psalm 145,10*

Mit Psalmen, Lobgesängen und geistlichen Liedern singt Gott dankbar in euren Herzen. *Kolosser 3,16*

Dir beuge sich der Kreis der Erde, dich bete jeder willig an, dass laut dein Ruhm besungen werde und alles dir bleib untertan. Kommt alle her, schaut Gottes Werke, die er an Menschenkindern tat! Wie wunderbar ist seine Stärke, die er an uns verherrlicht hat!
279,2 Matthias Jorissen

Kl: Johannes 6,26–29 :: Bl: Lukas 20,41–47

APRIL

Monatsspruch: Brannte nicht unser Herz in uns, da er mit uns redete? *Lukas 24,32*

1. Dienstag **Der HERR schafft Recht den Unterdrückten, den Hungrigen gibt er Brot.** *Psalm 146,7*

Der aber Samen gibt dem Sämann und Brot zur Speise, der wird auch euch Samen geben und ihn mehren und wachsen lassen die Früchte eurer Gerechtigkeit. *2. Korinther 9,10*

Herr, gib uns unser täglich Brot. Lass uns bereit sein, in der Not zu teilen, was du uns gewährt. Dein ist die Erde, die uns nährt.
464,1 Edwin Nievergelt

Kl: Hiob 9,14–23.32–35 :: Bl: Lukas 21,1–4

2. Mittwoch **Ein Sohn soll seinen Vater ehren. Bin ich nun Vater, wo ist meine Ehre?, spricht der HERR.** *Maleachi 1,6*

Gelobt sei Gott, der Vater unseres Herrn Jesus Christus, der Vater der Barmherzigkeit und Gott allen Trostes. *2. Korinther 1,3*

O sei zu seinem Lob nicht träge, meine Seele, und wie er dich erhob, zu seinem Lob erzähle; drum sei am Tage wie zur Nacht sein Name von dir groß gemacht.
Guido Maria Dreves

Kl: Johannes 6,30–35(36) :: Bl: Lukas 21,5–19

3. Donnerstag **Mein Volk tut eine zwiefache Sünde: Mich, die lebendige Quelle, verlassen sie und machen sich Zisternen, die doch rissig sind und das Wasser nicht halten.** *Jeremia 2,13*

Jesus spricht: **Wer von dem Wasser trinkt, das ich ihm gebe, den wird in Ewigkeit nicht dürsten, sondern das Wasser, das ich ihm geben werde, das wird in ihm eine Quelle des Wassers werden, das in das ewige Leben quillt.** *Johannes 4,14*

Ich hörte Jesu Wort und Ruf: »Wer durstig ist, der komm, und wer kein Geld hat, trinke nur umsonst vom Lebensstrom!« Ich kam und fand den Lebensquell bei Jesus und ich trank; da lebte meine Seele auf. Nun singt mein Lied ihm Dank.

BG 1049,2 Horatius Bonar

Kl: 2. Korinther 4,11–18 :: Bl: Lukas 21,20–28

4. Freitag **Er wird sich unser wieder erbarmen und alle unsere Sünden in die Tiefen des Meeres werfen.** *Micha 7,19*

Wenn wir unsere Schuld eingestehen, ist Gott treu und gerecht: Er vergibt uns die Schuld und reinigt uns von allem Unrecht, das wir begangen haben. *1. Johannes 1,9*

Wenn wir Gott unsere Schuld bringen, dann nimmt er sie und versenkt sie im Meer, da wo es am tiefsten ist. Und am Ufer stellt er ein Schild auf, darauf steht: Angeln verboten! Corrie ten Boom

Kl: Johannes 16,16–23a :: Bl: Lukas 21,29–38

5. Samstag **Der Herr macht arm und macht reich; er erniedrigt und erhöht.** *1. Samuel 2,7*

Ich sage jedem Einzelnen von euch: Überschätzt euch nicht und traut euch nicht mehr zu, als angemessen ist. Strebt lieber nach nüchterner Selbsteinschätzung. Und zwar jeder so, wie Gott es für ihn bestimmt hat – und wie es dem Maßstab des Glaubens entspricht. *Römer 12,3*

Ach Herr, vor dir ist keiner reich und keiner los und ledig; spricht einer hier dem andern gleich: Gott sei mir Sünder gnädig! Du aber ludest uns zu dir, den Hunger uns zu stillen, willst uns aus lauter Liebe hier die leeren Hände füllen. 224,2 Arno Pötzsch

Kl: Hoheslied 2,8–13 :: Bl: Lukas 22,1–6

---

5. SONNTAG DER PASSIONSZEIT – JUDIKA
(Schaffe mir Recht, Gott! Psalm 43,1)

Der Menschensohn ist nicht gekommen, dass er sich dienen lasse, sondern dass er diene und gebe sein Leben als Lösegeld für viele. *Matthäus 20,28*

Wochenlied: 76 oder 97

Ev: Markus 10,35–45 :: Ep: Hebräer 5,(1–6)7–9(10)

AT: 1. Mose 22,1–14(15–19) :: Pr: Johannes 18,28–19,5

Bl: Psalm 22,1–22

---

6. Sonntag **Die im Elend ohne Obdach sind, führe ins Haus!** *Jesaja 58,7*

Der König wird den Gerechten zur Antwort geben: Amen, ich sage euch: Was ihr einem dieser meiner geringsten Brüder getan habt, das habt ihr mir getan. *Matthäus 25,40*

Wenn Gott wissen will, wie sehr ich ihn liebe, dann fragt er nicht mich, sondern meinen Nächsten.

Walter Lüthi

7. Montag **Der Herr schafft Gerechtigkeit und Recht allen, die Unrecht leiden.** *Psalm 103,6*

Wer nun weiß, Gutes zu tun, und tut's nicht, dem ist's Sünde. *Jakobus 4,17*

Du, der du alle Völker liebst und deine Güte allen gibst: Dass jedem Volk geholfen sei, mach es von aller Knechtschaft frei. Gott, schenke Freiheit, Fried und Recht dem ganzen menschlichen Geschlecht. Dich preise unser Lobgesang vom Aufgang bis zum Niedergang.

BG 105,4–5 Philadelphia

Kl: Johannes 1,29–34 :: Bl: Lukas 22,7–23

8. Dienstag **Der Herr, euer Gott, ist gnädig und barmherzig und wird sein Angesicht nicht von euch wenden, wenn ihr euch zu ihm bekehrt.**

2. Chronik 30,9

Jesus sprach zu Simon: **Ich habe für dich gebeten, dass dein Glaube nicht aufhöre. Und wenn du dann umkehrst, so stärke deine Brüder.** *Lukas 22,32*

Manchmal ist es schwer, das Vertrauen nicht zu verlieren; manchmal spricht alles gegen unseren Glauben; manchmal sind wir müde und haben keine Kraft mehr, dir treu zu bleiben, o Gott. Stärke unseren Glauben. Hilf uns, umzukehren von den tödlichen Wegen, in die wir uns verrannt haben. Gib uns, dass wir einander stärken können, wenn wir schwach sind. *

Kl: Hiob 19,21–27 :: Bl: Lukas 22,24–30

9. Mittwoch **Die auf den Herrn sehen, werden strahlen vor Freude, und ihr Angesicht soll nicht schamrot werden.** *Psalm 34,6*

Jesus spricht: **Ein Beispiel habe ich euch gegeben, damit ihr tut, wie ich euch getan habe.** *Johannes 13,15*

Jesus lieben gibt die Maße, wie ich heilig leben kann: Was zu tun und was zu lassen, zeigt mir Jesu Vorbild an, und wie weit ich Tag für Tag in der Liebe wachsen mag. Alle guten Werk und Triebe wirkt und schenkt die Jesusliebe.

BG 445,4 Nikolaus Ludwig von Zinzendorf

Kl: Klagelieder 3,1–8.14–20 :: Bl: Lukas 22,31–38

10. Donnerstag **In deiner Hand, Herr, steht es, jedermann groß und stark zu machen.** *1. Chronik 29,12*

Beugt euch also demütig unter die starke Hand Gottes, damit er euch zu seiner Zeit erhöhe. *1. Petrus 5,6*

Gib mir eine Grenze, um weiter zu gehen. Gib mir einen Namen, um fest in mir zu stehen. Gib mir eine Vision, die mich hält. Gib mir ein Ziel, um zu widerstehen. Gib mir ein Kind, um mich von mir zu lösen. Gib mir einen Kuss, um frei zu werden vom Bösen. Gib mir ein Lied, das mir am Morgen sagt: Lebe, es ist gut, dass du lebst. Charis Alexiou

Kl: Jeremia 15,15–21 :: Bl: Lukas 22,39–46

11. Freitag **Dein Reich ist ein ewiges Reich, und deine Herrschaft währet für und für.** *Psalm 145,13*

Der Seher Johannes schreibt: **Jedes Geschöpf, das im Himmel ist und auf Erden und unter der Erde und auf dem Meer und alles, was darin ist, hörte ich sagen: Dem, der auf dem Thron sitzt, und dem Lamm sei Lob und Ehre und Preis und Gewalt von Ewigkeit zu Ewigkeit!** *Offenbarung 5,13*

Sing Halleluja! Dank und Preis sei fröhlich angestimmt! Von jedermann, ob Kind, ob Greis, Gott gern sein Lob vernimmt. Sing immerdar, erlöste Schar, bis einst im Licht unwandelbar Gott Vater, Sohn und Heilgen Geist die ganze Schöpfung preist.
BG 1035,1 John Swertner/Helge Heisler

Kl: Hebräer 10,1.11–18 :: Bl: Lukas 22,47–53

12. Samstag **Josua fiel auf sein Angesicht zur Erde nieder, betete an und sprach: Was sagt mein Herr seinem Knecht?** *Josua 5,14*

Saul sprach: Herr, wer bist du? Der Herr sprach: Ich bin Jesus, den du verfolgst; steh nun auf und stell dich auf deine Füße. Denn dazu bin ich dir erschienen, um dich zu erwählen zum Diener und zum Zeugen für das, was du gesehen hast und wie ich dir erscheinen will. *Apostelgeschichte 26,15–16*

Herr, du hast uns ausgesendet und begleitest unsern Schritt. Wo wir unsern Nächsten suchen, gehst du selber liebend mit. Herr, du wartest in den Ärmsten längst darauf, dass wir dir nah'n, denn was wir für andre wirken, haben wir für dich getan. Johannes Jourdan

Kl: Offenbarung 14,1–3(4.5) :: Bl: Lukas 22,54–62

6. SONNTAG DER PASSIONSZEIT PALMSONNTAG

Der Menschensohn muss erhöht werden, auf dass alle, die an ihn glauben, das ewige Leben haben.

Johannes 3,14b.15

Wochenlied: 91 oder 14
Ev: Johannes 12,12–19 :: Ep: Philipper 2,5–11
Pr/AT: Jesaja 50,4–9 :: Bl: Psalm 22,23–32

13. Sonntag **Es übervorteile keiner seinen Nächsten, sondern fürchte dich vor deinem Gott.**

3. Mose 25,17

Seid so unter euch gesinnt, wie es der Gemeinschaft in Christus Jesus entspricht. *Philipper 2,5*

Lass mich an andern üben, was du an mir getan, und meinen Nächsten lieben, gern dienen jedermann ohn Eigennutz und Heuchelschein und, wie du mir erwiesen, aus reiner Lieb allein. 82,7 Justus Gesenius

14. Montag **Die Erde ist voll der Güte des Herrn.**

Psalm 33,5

Gott hat sich selbst nicht unbezeugt gelassen, hat viel Gutes getan und euch vom Himmel Regen und fruchtbare Zeiten gegeben, hat euch ernährt und eure Herzen mit Freude erfüllt. *Apostelgesch. 14,17*

Wir leben, Herr, noch immer vom Segen der Natur. Licht, Luft und Blütenschimmer sind deiner Hände Spur. Wer Augen hat zu sehen, ein Herz, das staunen kann, der muss in Ehrfurcht stehen und betet mit uns an.
BG 849,3 Detlev Block

Kl: Matthäus 26,6–13 :: Bl: Lukas 22,63–71

15. Dienstag **Was können die Weisen Weises lehren, wenn sie des Herrn Wort verwerfen?**

Jeremia 8,9

Wo sind die Klugen? Wo sind die Schriftgelehrten? Wo sind die Weisen dieser Welt? Hat nicht Gott die Weisheit der Welt zur Torheit gemacht?

1. Korinther 1,20

Seh ich dein Kreuz den Klugen dieser Erden ein Ärgernis und eine Torheit werden: so sei's doch mir, trotz allen frechen Spottes, die Weisheit Gottes. Es schlägt den Stolz und mein Verdienst darnieder, es stürzt mich tief und es erhebt mich wieder, lehrt mich mein Glück, macht mich aus Gottes Feinde zu Gottes Freunde.

91,5–6 Christian Fürchtegott Gellert

Kl: Hiob 38,1–11(40,1–5) :: Bl: Lukas 23,1–12

16. Mittwoch **Ein Mensch ist in seinem Leben wie Gras, er blüht wie eine Blume auf dem Felde; wenn der Wind darüber geht, so ist sie nimmer da. Die Gnade aber des Herrn währt von Ewigkeit zu Ewigkeit.**

Psalm 103,15–16.17

Denn was jetzt vergänglich ist, muss mit Unvergänglichkeit bekleidet werden, und was jetzt sterblich ist, muss mit Unsterblichkeit bekleidet werden.

1. Korinther 15,53

Aus Staub bin ich gemacht, zu Staub hin werd ich kehren, doch werd ich über Nacht von Gottes Brote zehren.

BG 963,1 Friedemann Schäfer

Kl: Lukas 22,1–6 :: Bl: Lukas 23,13–25

GRÜNDONNERSTAG

Er hat ein Gedächtnis gestiftet seiner Wunder, der gnädige und barmherzige HERR. *Psalm 111,4*

Lied: 223

Ev: Johannes 13,1–15.34–35

Pr/Ep: 1. Korinther 11,(17–22)23–26(27–29.33–34a)

AT: 2. Mose 12,1–4(5)6–8(9)10–14

Bl: Lukas 23,26–31

17. Donnerstag **Dennoch bleibe ich stets an dir; denn du hältst mich bei meiner rechten Hand.**

Psalm 73,23

Jesus betete: **Vater, willst du, so nimm diesen Kelch von mir; doch nicht mein, sondern dein Wille geschehe! Es erschien ihm aber ein Engel vom Himmel und stärkte ihn.** *Lukas 22,42–43*

Bleib du in uns, dass wir in dir auch bis ans Ende bleiben; lass Sünd und Not uns für und für nicht wieder von dir treiben, bis wir durch deines Nachtmahls Kraft eingehn zur Himmelsbürgerschaft und ewig selig werden.

219,3 Chemnitz 1713

KARFREITAG

Also hat Gott die Welt geliebt, dass er seinen eingeborenen Sohn gab, auf dass alle, die an ihn glauben, nicht verloren werden, sondern das ewige Leben haben. *Johannes 3,16*

Lied: 85

Pr/Ev: Johannes 19,16–30

Ep: 2. Korinther 5,(14b–18)19–21

AT: Jesaja 52,13–15; 53,1–12 :: Bl: Lukas 23,32–49

18. Freitag **Er heißt Wunder-Rat, Gott-Held, Ewig-Vater, Friede-Fürst.** *Jesaja 9,5*

Gott war in Christus und versöhnte die Welt mit ihm selber und rechnete ihnen ihre Sünden nicht zu und hat unter uns aufgerichtet das Wort von der Versöhnung. *2. Korinther 5,19*

Nun in heilgem Stilleschweigen stehen wir auf Golgatha. Tief und tiefer wir uns neigen vor dem Wunder, das geschah, als der Freie ward zum Knechte und der Größte ganz gering, als für Sünder der Gerechte in des Todes Rachen ging.

93,2 Friedrich von Bodelschwingh

19. Samstag **Der Herr hat mich gesandt, zu verkündigen ein gnädiges Jahr des Herrn und einen Tag der Rache unseres Gottes.** *Jesaja 61,1.2*

Jesus sagte zu dem Verbrecher: Amen, ich sage dir: Heute noch wirst du mit mir im Paradies sein. *Lukas 23,43*

Die Gestalt des Gerichteten und Gekreuzigten bleibt einer Welt, in der der Erfolg das Maß und die Rechtfertigung aller Dinge ist, fremd und im besten Falle bemitleidenswert. Die Gestalt des Gekreuzigten setzt alles am Erfolg ausgerichtete Denken außer Kraft.

Dietrich Bonhoeffer

Kl: 1. Petrus 3,18–22 :: Bl: Lukas 23,50–56

OSTERFEST

Christus spricht: Ich war tot, und siehe, ich bin lebendig von Ewigkeit zu Ewigkeit und habe die Schlüssel des Todes und der Hölle. *Offenbarung 1,18*

Lied: 101 :: Ev: Markus 16,1–8
Ep: 1. Korinther 15,1–11 :: AT: 1. Samuel 2,1–8a
Pr: Johannes 20,11–18 :: Bl: Lukas 24,1–12

20. Sonntag **Als Hiskia den Brief gelesen hatte, ging er hinauf zum Hause des HERRN und breitete ihn aus vor dem HERRN.** *2. Könige 19,14*

Jesus nahm mit sich Petrus, Johannes und Jakobus und ging auf einen Berg, um zu beten. *Lukas 9,28*

Quält dich ein schwerer Sorgenstein, dein Jesus wird ihn heben; es kann ein Christ bei Kreuzespein in Freud und Wonne leben. Wirf dein Anliegen auf den Herrn und sorge nicht, er ist nicht fern, weil er ist auferstanden.
114,4 Lorenz Lorenzen

OSTERMONTAG

Lied: 100 oder 116 :: Ev: Lukas 24,13–35
Ep: 1. Kor. 15,50–58 :: Pr/AT: Jes. 25,6–9 :: Bl: Lukas 24,13–35

21. Montag **Wenn ihr euch von ganzem Herzen zu dem HERRN bekehren wollt, so tut von euch die fremden Götter.** *1. Samuel 7,3*

Für uns gilt: Nur einer ist Gott – der Vater. Alles hat in ihm seinen Ursprung, und er ist das Ziel unseres Lebens. Und nur einer ist der Herr: Jesus Christus. Alles ist durch ihn entstanden, und durch ihn haben wir das Leben. *1. Korinther 8,6*

Christus lebt, es sollen leben, Halleluja, die sich ihm im Glauben geben, Halleluja, und in seinen Händen ruhn. Halleluja. Tod, wo ist dein Stachel nun? Halleluja.
BG 316,3 Charles Wesley/Gotthilf Hunziker

22. Dienstag **Wir gingen alle in die Irre wie Schafe, ein jeder sah auf seinen Weg. Aber der HERR warf unser aller Sünde auf ihn.** *Jesaja 53,6*

Christus hat unsre Sünden selbst hinaufgetragen an seinem Leibe auf das Holz, damit wir, den Sünden abgestorben, der Gerechtigkeit leben. *1. Petrus 2,24*

Singt Lob und Dank mit freiem Klang unserm Herrn zu allen Zeiten und tut sein Ehr je mehr und mehr mit Wort und Tat weit ausbreiten: So wird er uns aus Lieb und Gunst nach unserm Tod, frei aller Not, zur ewgen Freude geleiten. 108,3 Georg Vetter

Kl: Johannes 20,1–10 :: Bl: Lukas 24,36–49

23. Mittwoch **Ich bin der allmächtige Gott; wandle vor mir und sei fromm.** *1. Mose 17,1*

Jesus spricht zu Thomas: Reiche deinen Finger her und sieh meine Hände, und reiche deine Hand her und lege sie in meine Seite, und sei nicht ungläubig, sondern gläubig! *Johannes 20,27*

Jesus Christus, du hast uns den Glauben vorgelebt. Gib uns Glauben. Wohin sollen wir gehen außer zu dir, wenn unser Glaube erloschen ist. Glaube an unserer Stelle, damit unser Glaube anfängt zu leben in der Stunde, die du bestimmst. Jörg Zink

Kl: Johannes 20,11–18 :: Bl: Lukas 24,50–53

24. Donnerstag **Mein Herz freut sich, dass du so gerne hilfst.** *Psalm 13,6*

Sie wunderten sich über die Maßen und sprachen: Er hat alles wohl gemacht; die Tauben macht er hören und die Sprachlosen reden. *Markus 7,37*

Jubeln will ich, Gott, jubeln, weil ich am Ende eines dunklen Teils meines Lebens den hellen Ausgang gefunden habe; jubeln, weil mich die Angst nicht mehr zerfrisst, sondern ich zunehme an Zuversicht; jubeln, weil mein Körper nicht mehr dahinwankt, denn er hat neue Kraft gefunden; jubeln, weil du zu mir durchgehalten hast, vom Anfang bis ans Ende. Im Elend warst du bei mir und sollst es jetzt sein, da ich vor dir juble.

Clemens Frey

Kl: Johannes 21,1–14 :: Bl: Kolosser 1,1–8

25. Freitag **Die Israeliten sprachen zu Samuel: Lass nicht ab, für uns zu schreien zu dem HERRN, unserm Gott, dass er uns helfe.** *1. Samuel 7,8*

Paulus schreibt aus dem Gefängnis: **Ich weiß: Alles, was ich jetzt durchmache, wird zuletzt zu meiner Rettung führen. Darin unterstützen mich eure Gebete und der Geist, durch den Jesus Christus mir beisteht.** *Philipper 1,19*

Um manchen Menschen mache ich mir Sorgen und möcht ihm helfen, doch ich kann es nicht. Ich wünsche nur, er wär bei dir geborgen und fände aus dem Dunkel in dein Licht.

BG 650,3 Lothar Zenetti

Kl: Lukas 24,36–47 :: Bl: Kolosser 1,9–14

26. Samstag **Wer Geld liebt, wird vom Geld niemals satt, und wer Reichtum liebt, wird keinen Nutzen davon haben.** *Prediger 5,9*

Wir haben nichts in die Welt gebracht; darum können wir auch nichts hinausbringen. Wenn wir aber Nahrung und Kleider haben, so wollen wir uns damit begnügen. *1. Timotheus 6,7–8*

Was groß ist und was klein, wer will es messen? Was ist Verlust, was ist Gewinn? Vor deiner Ewigkeit, die ungemessen, fällt es dahin, fällt Groß und Klein dahin. Mein Leben liegt vor dir, nur du kannst wissen, was ich gewollt, was ich getan. Füg du hinzu, was fehlt, aus deiner Liebe, und nimm es an, und nimm mein Leben an! Christa Wißkirchen

Kl: Lukas 24,1–12 :: Bl: Kolosser 1,15–20

1. SONNTAG NACH OSTERN QUASIMODOGENITI

(Wie die neugeborenen Kindlein. 1. Petrus 2,2)

Gelobt sei Gott, der Vater unseres Herrn Jesus Christus, der uns nach seiner großen Barmherzigkeit wiedergeboren hat zu einer lebendigen Hoffnung durch die Auferstehung Jesu Christi von den Toten. *1. Petrus 1,3*

Wochenlied: 108 oder 117
Ev: Johannes 20,19–20(21–23)24–29
Pr/Ep: 1. Petrus 1,3–9 :: AT: Jesaja 40,26–31
Bl: Psalm 116

27. Sonntag **Das ist mir lieb, dass der Herr meine Stimme und mein Flehen hört.** *Psalm 116,1*

Jesus erzählt im Gleichnis: **Der Schuldner warf sich vor ihm nieder und bat: Hab doch Geduld mit mir! Ich will dir ja alles zurückzahlen. Da bekam der Herr Mitleid; er gab ihn frei und erließ ihm auch noch die ganze Schuld.** *Matthäus 18,26–27*

Er hat uns wissen lassen sein herrlich Recht und sein Gericht, dazu sein Güt ohn Maßen, es mangelt an Erbarmung nicht; sein' Zorn lässt er wohl fahren, straft nicht nach unsrer Schuld, die Gnad tut er nicht sparen, den Schwachen ist er hold; sein Güt ist hoch erhaben ob den', die fürchten ihn; so fern der Ost vom Abend, ist unsre Sünd dahin. 289,2 Johann Gramann

28. Montag **Eile, mir beizustehen, Herr, meine Hilfe!** *Psalm 38,23*

Jesus fragte den Blinden: Was soll ich für dich tun? Er sagte: Herr, mach, dass ich wieder sehen kann! Und Jesus sagte zu ihm: Du sollst wieder sehen! Dein Glaube hat dich gerettet. Und auf der Stelle sah er wieder, und er folgte ihm und pries Gott. *Lukas 18,40–43*

Sprich nicht: »Ich sehe keine Mittel, wo ich such, ist nichts zum besten.« Denn das ist Gottes Ehrentitel: helfen, wenn die Not am größten. Wenn ich und du ihn nicht mehr spüren, tritt er herzu, uns wohl zu führen. Gib dich zufrieden!
371,9 Paul Gerhardt

Kl: 1. Johannes 5,1–5 :: Bl: Kolosser 1,21–23

29. Dienstag **Wer seinen Nächsten verachtet, versündigt sich; aber wohl dem, der sich der Elenden erbarmt!** *Sprüche 14,21*

Wenn ihr alles getan habt, was Gott euch befohlen hat, dann sagt: Wir sind Diener, weiter nichts; wir haben nur getan, was uns aufgetragen war. *Lukas 17,10*

Die Werke der Nächstenliebe sind nichts anderes als ein Überfließen der Liebe Gottes, die in uns ist. Je tiefer jemand mit Gott verbunden ist, desto mehr liebt er den Nächsten. Mutter Teresa

Kl: Hiob 42,7–13(14–17) :: Bl: Kolosser 1,24–29

30. Mittwoch **Dein, Herr, ist die Größe und die Macht und die Herrlichkeit und der Ruhm und die Hoheit. Denn alles im Himmel und auf Erden ist dein.** *1. Chronik 29,11*

Gott hat uns wissen lassen das Geheimnis seines Willens nach seinem Ratschluss, den er zuvor in Christus gefasst hatte, um die Fülle der Zeiten heraufzuführen, auf dass alles zusammengefasst würde in Christus, was im Himmel und auf Erden ist, durch ihn. *Epheser 1,9–10*

Gott ist Herr, der Herr ist Einer, und demselben gleichet keiner, nur der Sohn, der ist ihm gleich; dessen Stuhl ist unumstößlich, dessen Leben unauflöslich, dessen Reich ein ewig Reich. Gleicher Macht und gleicher Ehren sitzt er unter lichten Chören über allen Cherubim; in der Welt und Himmel Enden hat er alles in den Händen, denn der Vater gab es ihm.

123,3–4 Philipp Friedrich Hiller

Kl: Jesaja 66,6–13(14) :: Bl: Kolosser 2,1–5

MAI

Monatsspruch: Zu dir rufe ich, HERR; denn Feuer hat das Gras der Steppe gefressen, die Flammen haben alle Bäume auf dem Feld verbrannt. Auch die Tiere auf dem Feld schreien lechzend zu dir; denn die Bäche sind vertrocknet. *Joel 1,19–20*

1. Donnerstag **All sein Tun ist Wahrheit, und seine Wege sind recht, und wer stolz einherschreitet, den kann er demütigen.** *Daniel 4,34*

Der Hauptmann aber, der dabeistand, Jesus gegenüber, und sah, dass er so verschied, sprach: Wahrlich, dieser Mensch ist Gottes Sohn gewesen! *Markus 15,39*

Herr, zieh uns näher zu dir hin, lass uns erkennen deinen Sinn, dass Stolz vergeh und Hochmut weich und wir an Liebe werden reich.
BG 644,3 John Gambold/Helene Marx

Kl: 1. Petrus 2,1–10 :: Bl: Kolosser 2,6–10

2. Freitag **Ich will dich nicht verlassen noch von dir weichen.** *Josua 1,5*

Siehe, da tat sich Jesus der Himmel auf, und er sah den Geist Gottes wie eine Taube herabfahren und über sich kommen. *Matthäus 3,16*

Es heißt, dass einer mit mir geht, der's Leben kennt, der mich versteht, der mich zu allen Zeiten kann geleiten. Es heißt, dass einer mit mir geht. Sie nennen ihn den Herren Christ, der durch den Tod gegangen ist; er will durch Leid und Freuden mich geleiten. Ich möcht, dass er auch mit mir geht.

209,3–4 Hanns Köbler

Kl: Offenbarung 7,13–17 :: Bl: Kolosser 2,11–15

3. Samstag **HERR, neige mein Herz zu deinen Zeugnissen und nicht zur Habsucht.** *Psalm 119,36*

Sei du selbst ihnen ein Vorbild im Tun des Guten und, was die Lehre betrifft, ein Beispiel deines unbestechlichen Urteils, von allen geachtet und untadelig in der Verkündigung des gesunden Wortes, so dass dein Gegenspieler beschämt wird und nichts Schlechtes mehr über uns zu sagen weiß.

Titus 2,7–8

Heute werde ich Entscheidungen treffen und Anordnungen geben. Und ich werde Weisungen ausführen und Gebotenes tun. Du, Allmächtiger, bist gekommen, um zu dienen, nicht um zu herrschen. Lass mich teilhaben an dem Mut deiner Demut. Katharina Schridde

Kl: Apostelgeschichte 8,26–39 :: Bl: Kolosser 2,16–23

3. Mai 1728: Beginn der Losungen in Herrnhut

2. SONNTAG NACH OSTERN
MISERIKORDIAS DOMINI
(Die Erde ist voll der Güte des HERRN. Psalm 33,5)

Christus spricht: Ich bin der gute Hirte. Meine Schafe hören meine Stimme, und ich kenne sie und sie folgen mir; und ich gebe ihnen das ewige Leben.
Johannes 10,11a.27–28a

Wochenlied: 274 oder 358
Pr/Ev: Johannes 10,11–16(27–30) :: Ep: 1. Petrus 2,21b–25
AT: Hesekiel 34,1–2(3–9)10–16.31 :: Bl: Psalm 23

---

4. Sonntag **Der HERR ist meine Stärke und mein Lobgesang und ist mein Heil.** *2. Mose 15,2*

Maria sprach: **Gewaltiges hat er vollbracht mit seinem Arm, zerstreut hat er, die hochmütig sind in ihrem Herzen.** *Lukas 1,51*

Es müssen, Herr, sich freuen von ganzer Seel und jauchzen hell, die unaufhörlich schreien: »Gelobt sei der Gott Israel'!« Sein Name sei gepriesen, der große Wunder tut und der auch mir erwiesen das, was mir nütz und gut. Nun, dies ist meine Freude, zu hangen fest an dir, dass nichts von dir mich scheide, solang ich lebe hier.
323,2 Johann Rist

5. Montag **Der HERR verstößt nicht ewig; sondern er betrübt wohl und erbarmt sich wieder nach seiner großen Güte.** *Klagelieder 3,31–32*

Zacharias forderte eine kleine Tafel und schrieb: Er heißt Johannes. Und sie wunderten sich alle. Und sogleich wurde sein Mund und seine Zunge aufgetan, und er redete und lobte Gott. *Lukas 1,63–64*

Auf Dich nur will ich schauen auch diesen Tag mit meiner Not und will mich Dir vertrauen, Du großer Helfer, Herr und Gott. Du kannst doch alles wenden, bist mächtiger als alle Macht, und ich bin sicher Tag und Nacht in Deinen starken Händen. Arno Pötzsch

Kl: Johannes 10,1–10 :: Bl: Kolosser 3,1–4

6. Dienstag **So hört nun, ihr, die ihr ferne seid, was ich getan habe, und die ihr nahe seid, erkennt meine Stärke!** *Jesaja 33,13*

Jesus spricht zu Marta: Habe ich dir nicht gesagt: Wenn du glaubst, wirst du die Herrlichkeit Gottes sehen? *Johannes 11,40*

Besiegt hat Jesus Tod und Nacht, stand auf im Morgengrauen. Sein ist die Herrlichkeit, die Macht und Hilfe ist durch ihn erwacht denen, die ihm vertrauen.
BG 335,1 Luděk Rejchrt/Bedřich Surman

Kl: Matthäus 9,35–10,1 :: Bl: Kolosser 3,5–11

7. Mittwoch **Der Herr antwortete Hiob: Wo warst du, als ich die Erde gründete und zum Meer sprach: »Bis hierher sollst du kommen und nicht weiter; hier sollen sich legen deine stolzen Wellen!«?** *Hiob 38,4.11*

Jesus stand auf und bedrohte den Wind und das Meer; und es ward eine große Stille. Die Menschen aber verwunderten sich und sprachen: Was ist das für ein Mann, dass ihm Wind und Meer gehorsam sind? *Matthäus 8,26–27*

Wenn dichte Wolken den Himmel bedecken und heftiger Sturm ausbricht, so sehen unsere Augen nur traurige Finsternis, unsere Ohren betäubt der Donner und alle unsere Sinne erstarren vor Schrecken; deshalb scheint uns alles zusammenzubrechen und durcheinander zu geraten – aber unterdessen bleibt im Himmel stets die gleiche Ruhe und Heiterkeit. Johannes Calvin

Kl: Johannes 17,20–26 :: Bl: Kolosser 3,12–17

8. Donnerstag **Gott verkündigte euch seinen Bund, den er euch gebot zu halten, nämlich die Zehn Worte, und schrieb sie auf zwei steinerne Tafeln.**

5. Mose 4,13

Jesus sprach: **Ihr sollt nicht meinen, dass ich gekommen bin, das Gesetz oder die Propheten aufzulösen; ich bin nicht gekommen aufzulösen, sondern zu erfüllen.** *Matthäus 5,17*

Lieben heißt nicht: leben und leben lassen. Lieben heißt wollen, dass der andere lebt, heißt Leben wecken, Leben fördern, Leben pflegen, Leben erhalten. Lieben heißt, den andern wollen, wie Gott ihn will, nicht eine Zeitlang, mit Vorbehalt, sondern für immer, uneingeschränkt, auf das Reich Gottes hin. Lieben heißt letztlich: Werkzeug sein und Mittler der Liebe Gottes.

Lindolfo Weingärtner

Kl: Epheser 4,11–16 :: Bl: Kolosser 3,18–4,1

9. Freitag **Dein Volk spricht: »Der Herr handelt nicht recht«, während doch sie nicht recht handeln.**

Hesekiel 33,17

Geht es bei Gott etwa ungerecht zu? Gewiss nicht!

Römer 9,14

Herr, du willst nichts, was dein ist, missen. Drum will dein Herz auch jedermann ohn Unterschied geholfen wissen; und weil sich keiner helfen kann, so willst du allen insgemein selbst Helfer und Bekehrer sein.

BG 688,2 Henriette Katharina von Gersdorf

Kl: Hesekiel 34,23–31 :: Bl: Kolosser 4,2–6

10. Samstag **Bin ich nur ein Gott, der nahe ist, spricht der Herr, und nicht auch ein Gott, der ferne ist?**

Jeremia 23,23

Zu der neunten Stunde rief Jesus laut: Eli, Eli, lama asabtani? Das heißt übersetzt: Mein Gott, mein Gott, warum hast du mich verlassen?

Markus 15,34

Bruder Christus, abgrundtief hast du für die Welt gelitten, einsam in der Hölle Mitten, bis dich Gott ins Leben rief. Du bist Gottes Angesicht. Nur um deiner Liebe willen will ich meine Klagen stillen, Bruder Christus, Trost und Licht!

BG 946,3 Jörg Zink

Kl: Johannes 14,1–6 :: Bl: Kolosser 4,7–18

3. SONNTAG NACH OSTERN – JUBILATE

(Jauchzet Gott, alle Lande! Psalm 66,1)

Ist jemand in Christus, so ist er eine neue Kreatur; das Alte ist vergangen, siehe, Neues ist geworden.

2. Korinther 5,17

Wochenlied: 110 oder 432
Ev: Johannes 15,1–8 :: Ep: Apostelgeschichte 17,22–34
AT: 1. Mose 1,1–4a(4b–25)26–28(29–30)31a(31b); 2,1–4a
Pr: Sprüche 8,22–36 :: Bl: Psalm 45

11. Sonntag **Du sollst nicht stehlen.** *2. Mose 20,15*

Wer stiehlt, stehle nicht mehr, sondern arbeite und tue etwas Rechtes mit seinen Händen, damit er etwas hat, das er dem Notleidenden geben kann.

Epheser 4,28

Jede Kanone, die gebaut wird, jedes Kriegsschiff, das vom Stapel gelassen wird, jede abgefeuerte Rakete bedeutet letztlich einen Diebstahl an denen, die hungern und nichts zu essen bekommen, denen, die frieren und keine Kleidung haben. Eine Welt unter Waffen verpulvert nicht nur Geld allein. Sie verpulvert auch den Schweiß ihrer Arbeiter, den Geist ihrer Wissenschaftler und die Hoffnung ihrer Kinder.

Dwight David Eisenhower

12. Montag **Wenn ihr mich von ganzem Herzen suchen werdet, so will ich mich von euch finden lassen, spricht der HERR.** *Jeremia 29,13–14*

Und siehe, eine Frau, die seit zwölf Jahren den Blutfluss hatte, trat von hinten an ihn heran und berührte den Saum seines Gewandes. Denn sie sprach bei sich selbst: Wenn ich nur sein Gewand berühre, so werde ich gesund. Da wandte sich Jesus um und sah sie und sprach: Sei getrost, meine Tochter, dein Glaube hat dir geholfen. Und die Frau wurde gesund zu derselben Stunde. *Matthäus 9,20–22*

Herr, wie groß war der Schritt, den ich heute auf dich zugegangen bin? War es ein großer? Oder war es nur ein winzig kleiner? Herr, ich bin mit deiner Hilfe unterwegs. Ohne dich kann ich gar nichts tun. Ich bin auf dein Vertrauen, deine Liebe und deine Hilfe angewiesen. Ich bitte dich um deinen Segen. Elisabeth Wiesbaum

Kl: Römer 1,18–25 :: Bl: Joel 1,1–20

13. Dienstag **Ich freue mich über dein Wort wie einer, der große Beute macht.** *Psalm 119,162*

Das Himmelreich gleicht einem Schatz, verborgen im Acker, den ein Mensch fand und verbarg; und in seiner Freude geht er hin und verkauft alles, was er hat, und kauft den Acker. *Matthäus 13,44*

Zeig mir mit deinen Gaben den Weg durch diese Welt. Gib, dass ich Hoffnung habe, die fest an dich sich hält, die das, was doch zerrinnt, verlässt im Weiterschreiten und durch der Gnade Leiten das Bleibende gewinnt.
BG 419,3 Johann Amos Comenius/Theodor Gill

Kl: 1. Timotheus 4,(1–3)4.5 :: Bl: Joel 2,1–11

14. Mittwoch **Nähme ich Flügel der Morgenröte und bliebe am äußersten Meer, so würde auch dort deine Hand mich führen und deine Rechte mich halten.** *Psalm 139,9–10*

Paulus sprach: **Letzte Nacht stand plötzlich ein Engel vor mir – ein Engel des Gottes, dem ich gehöre und dem ich diene. Er sagte: »Hab keine Angst, Paulus! Du musst noch vor den Kaiser treten. Deinetwegen schenkt Gott auch all denen das Leben, die mit dir auf dem Schiff sind.«** *Apostelgeschichte 27,23–24*

Man sollte nicht ängstlich fragen: Was wird und kann noch kommen? Sondern sagen: Ich bin gespannt, was Gott jetzt noch mit mir vorhat. Selma Lagerlöf

Kl: Johannes 8,31–36 :: Bl: Joel 2,12–17

15. Donnerstag **Ein geängstetes, zerschlagenes Herz wirst du, Gott, nicht verachten.** *Psalm 51,19*

Jesus sprach: **Der Zöllner stand ferne, wollte auch die Augen nicht aufheben zum Himmel, sondern schlug an seine Brust und sprach: Gott, sei mir Sünder gnädig! Ich sage euch: Dieser ging gerechtfertigt hinab in sein Haus.** *Lukas 18,13–14*

Drum wollen wir auch fröhlich sein, das Halleluja singen fein und loben dich, Herr Jesu Christ; zu Trost du uns erstanden bist. Halleluja.
106,5 Nikolaus Herman

Kl: Römer 8,7–11 :: Bl: Joel 2,18–27

16. Freitag **Ich will hoffen auf den Herrn, der sein Antlitz verborgen hat vor dem Hause Jakob.**

Jesaja 8,17

Sie sind doch Israel, das von Gott erwählte Volk. Ihnen gehört das Vorrecht, Kinder Gottes zu sein. Ihnen offenbarte er seine Herrlichkeit. Mit ihnen hat er wiederholt seinen Bund geschlossen. Ihnen hat er sein Gesetz gegeben und die Ordnungen für den Opferdienst zu seiner Verehrung. Ihnen hat er das künftige Heil versprochen. *Römer 9,4*

Die Gottesfürchtigen aus den Völkern haben teil an der kommenden Welt. Tosefta Sanhedrin

Kl: Johannes 19,1–7 :: Bl: Joel 3,1–5

17. Samstag **Die Gnade des Herrn währt von Ewigkeit zu Ewigkeit über denen, die ihn fürchten, und seine Gerechtigkeit auf Kindeskind bei denen, die seinen Bund halten.** *Psalm 103,17–18*

Weil du mein Wort bewahrt hast, das dir die Kraft gibt, auszuharren, werde auch ich dich bewahren in der Stunde der Versuchung, die über den ganzen Erdkreis kommen wird, die Erdenbewohner zu versuchen. *Offenbarung 3,10*

Gott Lob, dass seine Gnadenhand mich suchte, zu sich zog und fand, Dank, dass er mich sein Eigen nennt und ihn mein Herz als meinen kennt! Gott Lob, dass er sein Wort beständig hält! Nun glaub ich mich mit ihm schon durch die Welt.

BG 880,2 Anna Nitschmann

Kl: Offenbarung 22,1–5 :: Bl: Joel 4,1–21

4. SONNTAG NACH OSTERN – KANTATE
(Singet dem HERRN ein neues Lied! Psalm 98,1)

Singet dem HERRN ein neues Lied, denn er tut Wunder. *Psalm 98,1*

Wochenlied: 302
Ev: Lukas 19,37–40 :: Ep: Kolosser 3,12–17
AT: 1. Samuel 16,14–23 :: Pr: Apostelgeschichte 16,23–34
Bl: Psalm 30

18. Sonntag **Der HERR kennt die Gedanken der Menschen: Sie sind nur ein Hauch!** *Psalm 94,11*

Niemand betrüge sich selbst. Wer unter euch meint, weise zu sein in dieser Welt, der werde ein Narr, dass er weise werde. Denn die Weisheit dieser Welt ist Torheit bei Gott. *1. Korinther 3,18–19*

Nimm hin, o Herr, meine ganze Freiheit. Nimm mein Gedächtnis, meinen Verstand, meinen ganzen Willen. Was ich habe und besitze, hast du mir geschenkt. Ich stelle es dir wieder ganz und gar zurück und übergebe alles dir, dass du es lenkest nach deinem Willen. Nur deine Liebe schenke mir mit deiner Gnade, und ich bin reich genug und suche nichts weiter.

Ignatius von Loyola

19. Montag **Wir wissen nicht, was wir tun sollen, sondern unsere Augen sehen nach dir.**

2. Chronik 20,12

Jesus sprach zu den zweiundsiebzig Jüngern: Wenn ihr in ein Haus kommt, sprecht zuerst: Friede sei diesem Hause! *Lukas 10,2.5*

Jesu Friede sei mit allen! Er füllt alles aus. Friede und sein Wohlgefallen sei in diesem Haus. Jesu Friede bringt die Freude mir als Gottesgab. Jesu Friede ist im Leide all mein Gut und Hab. Jesus-Bruderschaft Gnadenthal

Kl: Sprüche 8,22–32(33–36) :: Bl: Apostelgesch. 1,1–14

20. Dienstag **So spricht der Herr: Ich habe dein Gebet gehört und deine Tränen gesehen. Siehe, ich will dich gesund machen.** *2. Könige 20,5*

Der königliche Beamte sprach zu ihm: Herr, komm herab, ehe mein Kind stirbt! Jesus spricht zu ihm: Geh hin, dein Sohn lebt! Der Mann glaubte dem Wort, das Jesus zu ihm sagte, und ging hin. Und während er noch hinabging, begegneten ihm seine Knechte und sagten: Dein Kind lebt. *Johannes 4,49–51*

Jesu, hilf siegen. Wenn alles verschwindet und ich mein Nichts und Verderben nur seh, wenn kein Vermögen zu beten sich findet, wenn ich vor Angst und vor Zagen vergeh, ach Herr, so wollst du im Grunde der Seelen dich mit dem innersten Seufzen vermählen.
373,5 Johann Heinrich Schröder

Kl: Römer 15,14–21 :: Bl: Apostelgeschichte 1,15–26

21. Mittwoch **Fürchte dich nicht, Zion! Lass deine Hände nicht sinken! Denn der Herr, dein Gott, ist bei dir, ein starker Heiland.** *Zefanja 3,16–17*

Erbarmt euch derer, die zweifeln. *Judas 22*

Sprich du das Wort, das tröstet und befreit und das mich führt in deinen großen Frieden. Schließ auf das Land, das keine Grenzen kennt, und lass mich unter deinen Kindern leben. Sei du mein täglich Brot, so wahr du lebst. Du bist mein Atem, wenn ich zu dir bete.

382,3 Huub Oosterhuis/Lothar Zenetti

Kl: Matthäus 11,25–30 :: Bl: Apostelgeschichte 2,1–13

22. Donnerstag **HERR, lass den Geringen nicht beschämt davongehen.** *Psalm 74,21*

Die kanaanäische Frau fiel vor Jesus nieder und sprach: Herr, hilf mir! Aber er antwortete und sprach: Es ist nicht recht, dass man den Kindern ihr Brot nehme und werfe es vor die Hunde. Sie sprach: Ja, Herr; aber doch essen die Hunde von den Brosamen, die vom Tisch ihrer Herren fallen. Da antwortete Jesus und sprach zu ihr: Frau, dein Glaube ist groß. Dir geschehe, wie du willst! Und ihre Tochter wurde gesund zu derselben Stunde.

Matthäus 15,25–28

Mitten im Tränental sind wir Dir nah, weil Du Dich runterbeugst, Du bist für uns da. Wir sind nicht klein für Dich, nein wir sind groß, weil Du uns liebst, Du hältst uns im Schoß Deiner Unendlichkeit. Wir sind Dir nah, wenn wir es nur begreifen würden! Du bist für uns da!

Johanna Arlt

Kl: 1. Korinther 14,6–9.15–19 :: Bl: Apostelgeschichte 2,14–21

23. Freitag **Ich will sie sammeln von den Enden der Erde, unter ihnen Blinde und Lahme, Schwangere und junge Mütter, dass sie als große Gemeinde wieder hierher kommen sollen.** *Jeremia 31,8*

Da wurde der Hausherr zornig und sprach zu seinem Knecht: Geh schnell hinaus auf die Straßen und Gassen der Stadt und führe die Armen und Verkrüppelten und Blinden und Lahmen herein.
Lukas 14,21

Christus, das Heil der Welt: welch ein Grund zur Freude! Weil er uns lieb hat, lieben wir einander. Er schenkt Gemeinschaft zwischen Gott und Menschen. Ehre sei Gott, dem Herrn!
410,2 Sabine Leonhardt/Otmar Schulz
Kl: Offenbarung 5,11–14 :: Bl: Apostelgeschichte 2,22–36

24. Samstag **Du allein kennst das Herz aller Menschenkinder.** *1. Könige 8,39*

Jesus sah Nathanael kommen und sagt von ihm: Siehe, ein rechter Israelit, in dem kein Falsch ist. Nathanael spricht zu ihm: Woher kennst du mich?
Johannes 1,47–48

Du, der über uns ist, du, der einer von uns ist, du, der ist – auch in uns; dass alle dich sehen – auch in mir, dass ich den Weg bereite für dich, dass ich danke für alles, was mir widerfuhr. Dag Hammarskjöld
Kl: Johannes 6,(60–62)63–69 :: Bl: Apostelgeschichte 2,37–41

Missionsopferwoche

5. SONNTAG NACH OSTERN – ROGATE (Betet!)

Gelobt sei Gott, der mein Gebet nicht verwirft noch seine Güte von mir wendet. *Psalm 66,20*

Wochenlied: 344

Ev: Lukas 11,(1–4) 5–13 :: Ep: 1. Timotheus 2,1–6a

AT: 2. Mose 32,7–14 :: Pr: Johannes 16,23b–28(29–32)33

Bl: Psalm 67

25. Sonntag **Du sollst dein Herz nicht verhärten und deine Hand nicht zuhalten gegenüber deinem armen Bruder.** *5. Mose 15,7*

Meine Brüder und Schwestern! Was nützt es, wenn jemand behauptet zu glauben, sich der Glaube aber nicht in Taten zeigt? *Jakobus 2,14*

Herr, du hast uns in die Welt gestellt, um in Gemeinschaft zu leben. Du hast uns gelehrt zu lieben, aneinander Anteil zu nehmen, zu kämpfen für Brot und Gerechtigkeit. Deine Wahrheit soll in unserem Leben zur Welt kommen. So soll es sein: Jesus Christus! Aus Uruguay

26. Montag **Es soll nicht durch Heer oder Kraft, sondern durch meinen Geist geschehen, spricht der Herr Zebaoth.** *Sacharja 4,6*

Der Engel sprach zu Maria: Der Heilige Geist wird über dich kommen, und die Kraft des Höchsten wird dich überschatten; darum wird auch das Heilige, das geboren wird, Gottes Sohn genannt werden. *Lukas 1,35*

Gott ist ganz leise, willst du ihn hören, werde ganz still, wie Maria es war. Vielleicht hörst du dann die Botschaft des Engels: Du bist voll Gnade, der Herr ist mit dir. BG 128,1 Franz Kett

Kl: Markus 1,32–39 :: Bl: Apostelgeschichte 2,42–47

27. Dienstag **Wo ist ein Fels außer unserm Gott?**

Psalm 18,32

Paulus schreibt: **Wir dachten bei uns selbst, zum Tode verurteilt zu sein. Das geschah aber, damit wir unser Vertrauen nicht auf uns selbst setzten, sondern auf Gott, der die Toten auferweckt, der uns aus solcher Todesnot errettet hat und erretten wird. Auf ihn hoffen wir, er werde uns auch hinfort erretten.**

2. Korinther 1,9–10

Gottes Macht, die mich bekehrte, die den Glauben in mir schuf, beten, kämpfen, dulden lehrte, ist mir nahe, wenn ich ruf. Dass ich schwach bin, wird er wissen, dass er stark ist, weiß auch ich. Der mich aus dem Tod gerissen, ist noch dieser Gott für mich.

Philipp Friedrich Hiller

Kl: Lukas 18,1–8 :: Bl: Apostelgeschichte 3,1–10

28. Mittwoch **Zur letzten Zeit wird kein Volk wider das andere das Schwert erheben, und sie werden hinfort nicht mehr lernen, Krieg zu führen.**

Jesaja 2,2.4

Jagt dem Frieden nach mit jedermann und der Heiligung, ohne die niemand den Herrn sehen wird.

Hebräer 12,14

Hilf uns, Gott, von deinem Wort inspiriert, mit Worten des Friedens zu deeskalieren, mit Gesten des Respekts auch der Würde unserer Gegner Raum zu verschaffen. Mach bitte deutlich, dass du das lebendige Wort an unserer Seite bist, und entfalte deine übernatürliche Kraft, wenn wir deinem Wort folgen. Gib die richtigen Personen, Worte und Situationen, um zu befrieden.

Frank Richter

Kl: Johannes 14,7–14 :: Bl: Apostelgeschichte 3,11–26

CHRISTI HIMMELFAHRT

Christus spricht: Wenn ich erhöht werde von der Erde, so will ich alle zu mir ziehen. *Johannes 12,32*

Lied: 123
Ev: Lukas 24,(44–49)50–53
Ep: Apostelgeschichte 1,3–11
Pr/AT: 1. Könige 8,22–24.26–28 :: Bl: Psalm 47

---

29. Donnerstag Der HERR spricht: **Ich will Frieden geben in eurem Lande, dass ihr schlaft und euch niemand aufschrecke.** *3. Mose 26,6*

Jesus spricht: **Ich treibe die bösen Geister mit dem Finger Gottes aus, und daran könnt ihr sehen, dass Gott schon angefangen hat, mitten unter euch seine Herrschaft aufzurichten.** *Lukas 11,20*

Nimm uns in deinen Machtbereich, gib Kraft zu Tat und Leiden und mach uns deinem Wesen gleich im Wollen und Entscheiden. Wir freuen uns, Herr Jesu Christ, dass da auch ein Stück Himmel ist, wo wir dein Wort bezeugen.

BG 343,3 Detlev Block

30. Freitag **Fröhlich lass sein in dir, die deinen Namen lieben!** *Psalm 5,12*

Die Apostel gingen aber fröhlich von dem Hohen Rat fort, weil sie würdig gewesen waren, um Seines Namens willen Schmach zu leiden, und sie hörten nicht auf, alle Tage im Tempel und hier und dort in den Häusern zu lehren und zu predigen das Evangelium von Jesus Christus. *Apostelgeschichte 5,41–42*

Ich fürchte mich nicht vor denen, die mich zur Rede stellen. Ich verschweige deinen Namen nicht, Jesus. Ich verberge nicht, was mich in Bewegung bringt. Ich baue auf das, was viele verwerfen. Gib du mir die Kraft, Gott, so zu leben. Aus einem Vaterunser-Brevier

Kl: Johannes 18,33–38 :: Bl: Apostelgeschichte 4,1–12

31. Samstag **Wohl dem, der barmherzig ist und gerne leiht und das Seine tut, wie es recht ist!** *Psalm 112,5*

Die Reichen sollen Gutes tun, reich werden an guten Werken, freigebig sein und ihren Sinn auf das Gemeinwohl richten. So verschaffen sie sich eine gute Grundlage für die Zukunft, die dazu dient, das wahre Leben zu gewinnen. *1. Timotheus 6,18–19*

Gott, segne meine Hände, dass sie behutsam seien, dass sie halten können, ohne zur Fessel zu werden, dass sie geben können ohne Berechnung, dass ihnen innewohne die Kraft zu trösten und zu segnen. Sabine Naegeli

Kl: Epheser 1,15–23 :: Bl: Apostelgeschichte 4,13–22

JUNI

Monatsspruch: Mir aber hat Gott gezeigt, dass man keinen Menschen unheilig oder unrein nennen darf.

Apostelgeschichte 10,28

Weltgebetswoche für die Einheit der Christen (Ökumenische Gebetswoche)

---

6. SONNTAG NACH OSTERN – EXAUDI
(HERR, höre meine Stimme! Psalm 27,7)

Christus spricht: Wenn ich erhöht werde von der Erde, so will ich alle zu mir ziehen. *Johannes 12,32*

Wochenlied: 128 oder 136

Ev: Johannes 16,5–15 :: Pr/Ep: Epheser 3,14–21

AT: Jeremia 31,31–34 :: Bl: Psalm 27

---

1. Sonntag **Hanna betete: Ach, HERR Zebaot, sieh das Elend deiner Magd an! Denk doch an mich und vergiss deine Magd nicht! Schenk deiner Magd einen Sohn! Dann will ich ihn dem HERRN überlassen sein ganzes Leben lang.** *1. Samuel 1,11*

Für Elisabeth kam die Zeit, dass sie gebären sollte; und sie gebar einen Sohn. Und ihre Nachbarn und Verwandten hörten, dass der Herr große Barmherzigkeit an ihr getan hatte, und freuten sich mit ihr.

Lukas 1,57–58

Herr, du hast es mir geschenkt, du willst, dass ich mit ihm spiele, dass ich es auf dem Rücken trage, dass ich es nähre. Herr, und trüge ich Gold auf meinem Rücken, es wäre nichts! Kleidete ich mich in teuerste Stoffe, sie stünden mir nicht. Schmückte ich mich mit edelsten Perlen, sie verblassten wie Mondlicht. Herr, du hast es mir geschenkt, du willst, dass ich mit ihm spiele, dass ich es auf dem Rücken trage, dass ich es nähre. So schreite ich zum Markt, froh und leichten Fußes – mit dem Kind auf dem Rücken. Herr, du hast es mir geschenkt, dir danke ich! Nach einem Wiegenlied aus Zentralafrika

2. Montag Jeremia sprach: **Mich jammert von Herzen, dass die Tochter meines Volks so zerschlagen ist. Ist denn keine Salbe in Gilead oder ist kein Arzt da?** *Jeremia 8,21.22*

Jesus sprach zu Zachäus: Heute ist diesem Hause Heil widerfahren, denn auch er ist ein Sohn Abrahams. Denn der Menschensohn ist gekommen, zu suchen und selig zu machen, was verloren ist.

Lukas 19,9–10

Er ist das Leben, seine Kraft soll Leib und Seele führen. Sein Geist, der alles in mir schafft, soll mich allein regieren; so werd ich, weil ich nun durch ihn mit meinem Gott verbunden bin, das Leben nie verlieren.

BG 116,4 Johann Christian Lange/Günter Balders

Kl: Hesekiel 11,14–20 :: Bl: Apostelgeschichte 4,23–31

3. Dienstag **Heilig, heilig, heilig ist der Herr Zebaoth, alle Lande sind seiner Ehre voll!** *Jesaja 6,3*

Der Engel sprach mit großer Stimme: Fürchtet Gott und gebt ihm die Ehre; denn die Stunde seines Gerichts ist gekommen! Und betet an den, der gemacht hat Himmel und Erde und Meer und die Wasserquellen! *Offenbarung 14,7*

Anbetung, Ehre, Dank und Ruhm sei unserm Gott im Heiligtum, der Tag für Tag uns segnet; dem Gott, der Lasten auf uns legt, doch uns mit unsern Lasten trägt und uns mit Huld begegnet. Sollt ihm, dem Herrn der Herrlichkeit, dem Gott vollkommner Seligkeit, nicht Ruhm und Ehr gebühren? Er kann, er will, er wird in Not vom Tode selbst und durch den Tod uns zu dem Leben führen.

281,3 Matthias Jorissen

Kl: Jesaja 41,8–14(17–20) :: Bl: Apostelgesch. 4,32–37

4. Mittwoch **Du bist mein Vater, mein Gott und der Hort meines Heils.** *Psalm 89,27*

Unser tägliches Brot gib uns heute. *Matthäus 6,11*

Alle sind bei dir zu Tische: Gras und Blumen, Vögel, Fische, Wild des Waldes, Schaf und Rinder; und auch wir, als deine Kinder, wolln gehorsam im Vertrauen dir auf deine Hände schauen. Herr, in deinem großen Namen bitten wir um Segen. Amen.

BG 60,2–3 Johann Amos Comenius/Theodor Gill

Kl: Jesaja 32,11–18 :: Bl: Apostelgeschichte 5,1–11

5. Donnerstag Gott spricht zum Frevler: **Was redest du von meinen Geboten und nimmst meinen Bund in deinen Mund, da du doch Zucht hassest und wirfst meine Worte hinter dich?** *Psalm 50,16–17*

Es werden nicht alle, die zu mir sagen: Herr, Herr!, in das Himmelreich kommen, sondern die den Willen tun meines Vaters im Himmel. *Matthäus 7,21*

Bei einem Befehl Gottes soll man nicht zögern oder lange disputieren. Denn Gott will Gehorsam, Aufschub aber hasst er. Martin Luther

Kl: Apostelgesch. 1,12–26 :: Bl: Apostelgesch. 5,12–16

6. Freitag **Um Jerusalem her sind Berge, und der Herr ist um sein Volk her von nun an bis in Ewigkeit.** *Psalm 125,2*

Jesus betete: **Ich bitte nicht, dass du sie aus der Welt nimmst, sondern dass du sie bewahrst vor dem Bösen.** *Johannes 17,15*

Sag ja zu den Überraschungen, die deine Pläne durchkreuzen, deine Träume zunichtemachen, deinem Tag eine ganz andere Richtung geben – ja vielleicht deinem Leben. Sie sind nicht Zufall. Lass dem himmlischen Vater die Freiheit, deine Tage zu bestimmen.

Hélder Câmara

Kl: Johannes 19,25–27 :: Bl: Apostelgeschichte 5,17–33

7. Samstag **Herr, in deiner Hand ist Kraft und Macht, und es ist niemand, der dir zu widerstehen vermag.** *2. Chronik 20,6*

Sie trieben Jesus aus Nazaret hinaus – bis an den Abhang des Berges, auf dem ihre Stadt gebaut war. Dort wollten sie ihn hinunterstürzen. Aber Jesus ging mitten durch die Menge hindurch und zog weiter. *Lukas 4,29–30*

Freuen will ich mich, o mein Gott, beschützt und verteidigt von dir. Aus tiefem Seufzen von dir gerufen, gezogen von deiner Macht, hast du mich sicher bei dir geborgen, gerettet vor meinen Feinden. Hildegard von Bingen

Kl: Sacharja 4,1–14 :: Bl: Apostelgeschichte 5,34–42

PFINGSTFEST

Es soll nicht durch Heer oder Kraft, sondern durch meinen Geist geschehen, spricht der HERR Zebaoth.

Sacharja 4,6b

Lied: 126
Pr/Ev: Johannes 14,15–19(20–23a)23b–27
Ep: Apostelgeschichte 2,1–21 :: AT: 1. Mose 11,1–9
Bl: Psalm 118,1–14

---

8. Sonntag **HERR, du machst alles lebendig, und das himmlische Heer betet dich an.** *Nehemia 9,6*

Und als sie gebetet hatten, erbebte die Stätte, wo sie versammelt waren; und sie wurden alle vom Heiligen Geist erfüllt und redeten das Wort Gottes mit Freimut. *Apostelgeschichte 4,31*

Lass die Zungen brennen, wenn wir Jesus nennen, führ den Geist empor; gib uns Kraft zu beten und vor Gott zu treten, sprich du selbst uns vor. Gib uns Mut, du höchstes Gut, tröst uns kräftiglich von oben bei der Feinde Toben. 135,3 Benjamin Schmolck

PFINGSTMONTAG

Lied: 129 oder 268
Ev: Johannes 20,19–23 :: Ep: 1. Korinther 12,4–11
AT: 4. Mose 11,11f.14–17.24f.(26–30)
Pr: Matthäus 16,13–19 :: Bl: Psalm 118,15–29

9. Montag **Der Gerechte muss viel leiden, aber aus alledem hilft ihm der Herr.** *Psalm 34,20*

Und wenn man euch abführt und vor Gericht stellt, dann sorgt euch nicht im Voraus, was ihr reden sollt, sondern was euch in jener Stunde eingegeben wird, das redet. Denn nicht ihr seid es, die reden, sondern der heilige Geist. *Markus 13,11*

Herr Christus, da ich glaube, dass deine Zusagen verbindlich sind, bitte ich dich um die große Gabe deines Heiligen Geistes. Du kennst meine Schwäche und weißt, wie dringend ich Kraft brauche. Es fällt mir schwer, in dem Vielerlei unserer Tage festzuhalten an dem Einen, das nach deinen Worten Not ist. Gib mir die Kraft des Heiligen Geistes. Marie Hüsing

10. Dienstag **Der Herr ist mein Fels und meine Burg und mein Erretter.** *2. Samuel 22,2*

Paulus schreibt: **Der Herr stand mir bei und gab mir Kraft. Denn die Verkündigung seiner Botschaft sollte durch mich ihr Ziel erreichen: Alle Völker sollten sie hören. Und ich wurde aus dem Rachen des Löwen gerettet.** *2. Timotheus 4,17*

Und meines Glaubens Unterpfand ist, was er selbst verheißen, dass nichts mich seiner starken Hand soll je und je entreißen. Was er verspricht, das bricht er nicht; er bleibet meine Zuversicht, ich will ihn ewig preisen.
374,5 Philipp Spitta

Kl: Apostelgesch. 4,23–31 :: Bl: Apostelgesch. 6,1–7

11. Mittwoch **Sechs Tage sollst du arbeiten und alle deine Werke tun. Aber am siebenten Tage ist der Sabbat des HERRN, deines Gottes. Da sollst du keine Arbeit tun.** *2. Mose 20,9.10*

Jesus sprach zu ihnen: Was ist am Sabbat erlaubt: Gutes tun oder Böses tun, Leben retten oder töten? *Markus 3,4*

Du legst uns deine Worte und deine Taten vor. Herr, öffne unsre Herzen und unser Ohr. Herr, sammle die Gedanken und schick uns deinen Geist, der uns das Hören lehrt und dir folgen heißt. Kurt Rommel

Kl: Apostelgesch. 8,(9–11)12–25 :: Bl: Apostelgesch. 6,8–15

12. Donnerstag **Dem HERRN, eurem Gott, sollt ihr folgen und ihn fürchten und seine Gebote halten und seiner Stimme gehorchen und ihm dienen und ihm anhangen.** *5. Mose 13,5*

Ihr scheint als Lichter in der Welt, dadurch dass ihr festhaltet am Wort des Lebens. *Philipper 2,15–16*

Herr, dein Wort ist das Tor, durch das du kommst. Wir danken dir. Durch dein Wort kommt die Fülle des Lichtes, die Fülle der Liebe, die Fülle der Gnade zu den Menschen. Du hast uns bereitet, dass wir dein Wort tragen. Wir wissen, welch irdene, armselige Gefäße wir sind. Wir wissen, wie wir oft durch unser Wort Menschen eher aufhalten, anstatt sie zu dir zu führen. Herr, erbarme dich unser! Habe Dank, dass du durch die Geringen kommen willst und durch die Schwachen redest und dass gerade da dein Wort das unmittelbare Wort wird, durch das dein Licht zur Erde fällt. Ehre sei dir, Herr Jesus! Hanna Hümmer

Kl: Apostelgesch. 11,1–18 :: Bl: Apostelgesch. 7,1–16

13. Freitag **Sollte dem Herrn etwas unmöglich sein?**
1. Mose 18,14

Zuletzt, als die Elf zu Tisch saßen, offenbarte Jesus sich ihnen und schalt ihren Unglauben und ihres Herzens Härte, dass sie nicht geglaubt hatten denen, die ihn gesehen hatten als Auferstandenen.
Markus 16,14

Gelobt sei der barmherz'ge Gott, wir sind nun nicht verloren; durch Christi Auferstehn vom Tod hat er uns neu geboren zu einer festen Zuversicht und Hoffnung, die nie sterbe, zu dem in Freud und ewgem Licht uns aufbewahrten Erbe. BG 326,5–6 Christian Gregor

Kl: Apostelgesch. 11,19–26 :: Bl: Apostelgesch. 7,17–29

14. Samstag **Die Frau sah, dass von dem Baum gut zu essen wäre und dass er eine Lust für die Augen wäre und verlockend, weil er klug machte.** *1. Mose 3,6*

Die Welt vergeht, mit ihrem Begehren; wer aber den Willen Gottes tut, der bleibt in Ewigkeit.

1. Johannes 2,17

Mach in mir deinem Geiste Raum, dass ich dir werd ein guter Baum, und lass mich Wurzel treiben. Verleihe, dass zu deinem Ruhm ich deines Gartens schöne Blum und Pflanze möge bleiben.

503,14 Paul Gerhardt

Kl: Apostelgesch. 18,1–11 :: Bl: Apostelgesch. 7,30–43

TRINITATIS (Dreieinigkeit)

Die Gnade unseres Herrn Jesus Christus und die Liebe Gottes und die Gemeinschaft des Heiligen Geistes sei mit euch allen. *2. Korinther 13,13*

Wochenlied: 139 oder 140

Ev: Johannes 3,1–8(9–13) :: Ep: Römer 11,(32)33–36

AT: Jesaja 6,1–8(9–13) :: Pr: 2. Korinther 13,11–13

Bl: Psalm 13

---

15. Sonntag **Richtet recht, und ein jeder erweise seinem Bruder Güte und Barmherzigkeit!**

Sacharja 7,9

Ein Diener des Herrn soll sich nicht streiten. Er soll zu allen freundlich sein, ein guter Lehrer, der stets geduldig bleibt. Diejenigen, die sich widersetzen, soll er mit Freundlichkeit zurechtweisen. Vielleicht gibt ihnen Gott die Möglichkeit, ihr Leben zu ändern. *2. Timotheus 2,24–25*

Jesus Christus, durch dein Evangelium begreifen wir, dass die Barmherzigkeit über alles geht. Schenke uns deshalb ein Herz voller Güte. Frère Roger

16. Montag **Eine linde Antwort stillt den Zorn; aber ein hartes Wort erregt Grimm.** *Sprüche 15,1*

Halte dich an das Vorbild der heilsamen Worte, die du von mir gehört hast, im Glauben und in der Liebe in Christus Jesus. *2. Timotheus 1,13*

Hilf uns die Spannung dieser Zeit ertragen, an deiner Zukunft nicht zu zweifeln. Hilf uns, das Dennoch fröhlich zu sprechen und die Nächsten wie dich, Herr, zu lieben. Otmar Schulz

Kl: 2. Mose 3,13–20 :: Bl: Apostelgeschichte 7,44–53

17. Dienstag **Gott sprach zu Jakob: Ich bin Gott, der Gott deines Vaters; fürchte dich nicht. Ich will mit dir hinab nach Ägypten ziehen und will dich auch wieder heraufführen.** *1. Mose 46,3.4*

Petrus sprach: Siehe, wir haben, was wir hatten, verlassen und sind dir nachgefolgt. Jesus aber sprach zu ihnen: Wahrlich, ich sage euch: Es ist niemand, der Haus oder Frau oder Brüder oder Eltern oder Kinder verlässt um des Reiches Gottes willen, der es nicht vielfach wieder empfange in dieser Zeit und in der kommenden Welt das ewige Leben. *Lukas 18,28–30*

Auf seine Gnade geh ich fort und weiche keinen Schritt.
Es folget mir von Ort zu Ort sein guter Segen mit.
BG 919,4 Leonhard Dober

Kl: Jesaja 43,8–13 :: Bl: Apostelgeschichte 7,54–8,3

17. Juni 1722: Aufbau von Herrnhut begonnen

18. Mittwoch **Dein Wort ist meines Herzens Freude und Trost; denn ich bin ja nach deinem Namen genannt, Herr, Gott Zebaoth.** *Jeremia 15,16*

Philippus und der Eunuch stiegen ins Wasser, und Philippus taufte ihn. Als sie aus dem Wasser herausstiegen, wurde Philippus vom Geist des Herrn fortgenommen. Der Eunuch sah ihn nicht mehr. Aber er setzte seinen Weg voller Freude fort.

Apostelgeschichte 8,38–39

Ich bin getauft, ich steh im Bunde durch meine Tauf mit meinem Gott! So sprech ich stets mit frohem Munde in Kreuz, in Trübsal, Angst und Not. Ich bin getauft, des freu ich mich; die Freude bleibet ewiglich.

BG 592,1 Johann Friedrich Starck

Kl: Jesaja 57,14–16 :: Bl: Apostelgeschichte 8,4–25

19. Donnerstag **Gott der Herr spricht: Ich will noch mehr sammeln zu der Schar derer, die versammelt sind.** *Jesaja 56,8*

Es wird gepredigt werden dies Evangelium vom Reich in der ganzen Welt zum Zeugnis für alle Völker, und dann wird das Ende kommen.

Matthäus 24,14

Wach auf, du Geist der ersten Zeugen, die auf der Mau'r als treue Wächter stehn, die Tag und Nächte nimmer schweigen und die getrost dem Feind entgegengehn; ja deren Schall die ganze Welt durchdringt und aller Völker Scharen zu dir bringt.

241,1 Karl Heinrich von Bogatzky

Kl: 2. Petrus 1,16–21 :: Bl: Apostelgeschichte 8,26–40

20. Freitag **Wende dich zu mir und sei mir gnädig; denn ich bin einsam und elend.** *Psalm 25,16*

Jesus, du Sohn Davids, erbarme dich meiner!
Markus 10,47

In Ängsten die einen, und die andern leben, und die andern leben, und sie leben nicht schlecht. In Hunger die einen, und wir andern leben, und wir andern leben, die im Hunger leben schlecht. Kyrie, Kyrie eleison, Herr, guter Gott, erbarme dich.
BG 649,1 Günther Hildebrandt

Kl: Hebräer 2,(1–4)5–10 :: Bl: Apostelgeschichte 9,1–9

21. Samstag **Danket dem Herrn aller Herren, der allein große Wunder tut, denn seine Güte währet ewiglich.** *Psalm 136,3.4*

Das Volk neigte einmütig dem zu, was Philippus sagte, als sie ihm zuhörten und die Zeichen sahen, die er tat, und es kam große Freude auf in jener Stadt. *Apostelgeschichte 8,6.8*

Wahrhaft würdig ist es und recht, dass wir dich, ewiger Gott, immer und überall loben und dir danken durch unseren Herrn Jesus Christus. Ihn hast du gesandt als Sohn deines Volkes Israel, durch ihn erfüllst du alle Verheißungen der Propheten. Durch ihn preisen die Engel deine Herrlichkeit, durch ihn rühmt und lobt dich die ganze Schöpfung, alle himmlischen Mächte und alle Erlösten singen dir mit einhelligem Jubel. Mit ihnen vereinen auch wir unsere Stimmen und lobsingen dir voller Freude.

Kl: Epheser 4,1–6 :: Bl: Apostelgeschichte 9,10–19a

1. SONNTAG NACH TRINITATIS

Wer euch hört, der hört mich; und wer euch verachtet, der verachtet mich. *Lukas 10,16a*

Wochenlied: 365 oder 382 :: Ev: Lukas 16,19–31
Ep: 1. Johannes 4,(13–16a)16b–21 :: AT: Jeremia 23,16–29
Pr: Johannes 5,39–47 :: Bl: Psalm 28

22. Sonntag **Der HERR zog vor ihnen her, am Tage in einer Wolkensäule, um sie den rechten Weg zu führen, und bei Nacht in einer Feuersäule, um ihnen zu leuchten.** *2. Mose 13,21*

Jesus sprach: **Ihr sucht in den Schriften, denn ihr meint, ihr habt das ewige Leben darin; und sie sind's, die von mir zeugen.** *Johannes 5,39*

Dein Wort, o Herr, lass allweg sein die Leuchte unsern Füßen; erhalt es bei uns klar und rein; hilf, dass wir draus genießen Kraft, Rat und Trost in aller Not, dass wir im Leben und im Tod beständig darauf trauen.
196,5 David Denicke

23. Montag **Der HERR ist allen gütig und erbarmt sich aller seiner Werke.** *Psalm 145,9*

Auch die Schöpfung wird frei werden von der Knechtschaft der Vergänglichkeit zu der herrlichen Freiheit der Kinder Gottes. *Römer 8,21*

Wir wollen gut verwalten, was Gott uns anvertraut, verantwortlich gestalten, was unsre Zukunft baut. Herr, lass uns nur nicht fallen in Blindheit und Gericht. Erhalte uns und allen des Lebens Gleichgewicht.
BG 849,4 Detlev Block

Kl: Römer 12,9–16 :: Bl: Apostelgeschichte 9,19b–31

JOHANNISTAG

Dies ist das Zeugnis Johannes des Täufers: Er muss wachsen, ich aber muss abnehmen. *Johannes 3,30*

Lied: 141 oder 312

Ev: Lukas 1,(5–25)57–66.80

Ep: Apostelgeschichte 19,1–7 :: AT: Jesaja 40,1–8(9–11)

Pr: Matthäus 3,1–12 :: Bl: Apostelgeschichte 9,32–43

24. Dienstag **Verlass dich auf den HERRN von ganzem Herzen, und verlass dich nicht auf deinen Verstand, sondern gedenke an ihn in allen deinen Wegen, so wird er dich recht führen.** *Sprüche 3,5–6*

Jesus sprach zu Petrus: **Wahrlich, wahrlich, ich sage dir: Als du jünger warst, gürtetest du dich selbst und gingst, wo du hinwolltest; wenn du aber alt bist, wirst du deine Hände ausstrecken und ein anderer wird dich gürten und führen, wo du nicht hinwillst.** *Johannes 21,18*

Weiß ich den Weg auch nicht, du weißt ihn wohl; das macht die Seele still und friedevoll. Ist's doch umsonst, dass ich mich sorgend müh, dass ängstlich schlägt das Herz, sei's spät, sei's früh.

BG 936,1 Hedwig von Redern

25. Mittwoch **Jene, die fern sind, werden kommen und am Tempel des HERRN bauen.** *Sacharja 6,15*

Ja, alle Völker werden kommen und anbeten vor dir, denn deine Urteile sind offenbar geworden. *Offenbarung 15,4*

Wort aus Wüstenzeit, Israel gegeben, gilt wie einst noch jetzt, ruft das Volk ins Leben. Seht, der Ölbaum trägt alte, neue Zweige, bis vor Gott sich beuge endlich alle Welt.
Dieter Trautwein

Kl: Matthäus 10,26–33 :: Bl: Apostelgesch. 10,1–23a

26. Donnerstag Der HERR sprach zu Mose: **Versammle mir das Volk, dass ich sie meine Worte hören lasse und sie mich fürchten lernen alle Tage ihres Lebens auf Erden und ihre Kinder lehren.** *5. Mose 4,10*

Du aber bleibe bei dem, was du gelernt hast und was dir anvertraut ist; du weißt ja, von wem du gelernt hast und dass du von Kind auf die Heilige Schrift kennst, die dich unterweisen kann zur Seligkeit durch den Glauben an Christus Jesus. *2. Timotheus 3,14–15*

Was ist denn für Kinder das Beste auf Erden? Früh Schäflein des ewigen Hirten zu werden; die weidet er hier schon auf seliger Weide und droben bei sich in unendlicher Freude.
BG 582,1 Johannes von Watteville

Kl: Johannes 1,19–28 :: Bl: Apostelgesch. 10,23b–33

27. Freitag **Der HERR tötet und macht lebendig, führt ins Totenreich und wieder herauf.** *1. Samuel 2,6*

Leben wir, so leben wir dem Herrn; sterben wir, so sterben wir dem Herrn. Darum: wir leben oder sterben, so sind wir des Herrn. *Römer 14,8*

Der mir den Odem gab und Licht auf meinen Wegen, wird über meinem Grab die schönsten Schatten legen. Dass ich nicht schrecken mag, wird er mich sanft zudecken und mich am hellen Tag durch Jesus auferwecken.
BG 963,3–4 Friedemann Schäfer

Kl: Lukas 3,10–18 :: Bl: Apostelgeschichte 10,34–48

28. Samstag **Er wird mit Gerechtigkeit richten die Armen und rechtes Urteil sprechen den Elenden im Lande.** *Jesaja 11,4*

Jesus sprach zu ihnen: Geht hin und sagt Johannes wieder, was ihr hört und seht: Blinde sehen und Lahme gehen, Aussätzige werden rein und Taube hören, Tote stehen auf und Armen wird das Evangelium gepredigt. *Matthäus 11,4–5*

Ihr Armen und Elenden zu dieser bösen Zeit, die ihr an allen Enden müsst haben Angst und Leid, seid dennoch wohlgemut, lasst eure Lieder klingen, dem König Lob zu singen, der ist eu’r höchstes Gut.
9,5 Michael Schirmer

Kl: Matthäus 11,2–10 :: Bl: Apostelgeschichte 11,1–18

---

2. SONNTAG NACH TRINITATIS

Kommt her zu mir, alle, die ihr mühselig und beladen seid; ich will euch erquicken. *Matthäus 11,28*

Wochenlied: 213 oder 225

Ev: Lukas 14,(15)16–24 :: Ep: Epheser 2,(11–16)17–22

Pr/AT: Jesaja 55,1–5 :: Bl: Psalm 12

---

29. Sonntag **Der Herr macht zunichte die Pläne der Völker.** *Psalm 33,10*

Gamaliel sprach: **Lasst ab von diesen Leuten und lasst sie gehen! Denn wenn das, was hier geplant und ins Werk gesetzt wird, von Menschen stammen sollte, dann wird es sich zerschlagen. Wenn es aber von Gott kommt, dann werdet ihr sie nicht aufhalten können.** *Apostelgeschichte 5,38–39*

Was fragt ihr nach dem Schreien der Feind und ihrer Tück? Der Herr wird sie zerstreuen in einem Augenblick. Er kommt, er kommt, ein König, dem wahrlich alle Feind auf Erden viel zu wenig zum Widerstande seind. 11,9 Paul Gerhardt

30. Montag **Warum gibt Gott dem Leidenden Licht und Leben denen, die verbittert sind, die sich sehnen nach dem Tod, doch er kommt nicht?** *Hiob 3,20–21*

Von der Geduld Hiobs habt ihr gehört und habt gesehen, zu welchem Ende es der Herr geführt hat; denn der Herr ist barmherzig und ein Erbarmer.
Jakobus 5,11

Gott walte über deiner Trauer, dass sie dein Leben nicht zerstöre. Er segne deinen Schmerz über das Verlorene und lasse ihn zum Dank werden für das, was er dir einmal schenkte. Er erhalte in dir die Erinnerung an gute Stunden der Vergangenheit, dass sie ein Licht werden in deiner Trauer. Gott tröste dich in deinem Kummer und schenke dir Hoffnung und die Zuversicht, dass er bei dir ist gerade im Dunkel. Wilma Klevinghaus

Kl: Sprüche 9,1–10 :: Bl: Apostelgeschichte 11,19–30

JULI

Monatsspruch: Sorgt euch um nichts, sondern bringt in jeder Lage betend und flehend eure Bitten mit Dank vor Gott! *Philipper 4,6*

1. Dienstag **Wenn mir gleich Leib und Seele verschmachtet, so bist du doch, Gott, allezeit meines Herzens Trost und mein Teil.** *Psalm 73,26*

Der Seher Johannes schreibt: **Das sagt der Heilige, der Wahrhaftige: Ich kenne deine Werke. Siehe, ich habe vor dir eine Tür aufgetan, die niemand zuschließen kann; denn du hast eine kleine Kraft und hast mein Wort bewahrt und hast meinen Namen nicht verleugnet.** *Offenbarung 3,7.8*

Komm zu uns, Gott, verleih uns neue Kräfte, dein Licht begleite uns auf unsern Wegen. Gott, wo du wohnst, steht das Tor zum Leben offen. Gott, wo du einkehrst, ist Friede da. Auf dein Versprechen wollen wir hoffen; in Jesus Christus bist du uns ganz nah.
BG 635,3 Ulrich Walter

Kl: 2. Mose 2,11–15(16–22)23–25
Bl: Apostelgeschichte 12,1–17

2. Mittwoch **Der HERR ist hoch und sieht auf den Niedrigen und kennt den Stolzen von ferne.** *Psalm 138,6*

Der reiche Mensch sprach: **Liebe Seele, du hast einen großen Vorrat für viele Jahre; habe nun Ruhe, iss, trink und habe guten Mut! Aber Gott sprach zu ihm: Du Narr! Diese Nacht wird man deine Seele von dir fordern. Und wem wird dann gehören, was du bereitet hast?** *Lukas 12,19–20*

Gott wird es dem, der ihn in seinem irdischen Glück findet und dankt, schon nicht an Stunden fehlen lassen, in denen er daran erinnert wird, dass alles Irdische nur etwas Vorläufiges ist und dass es gut ist, sein Herz an die Ewigkeit zu gewöhnen. Dietrich Bonhoeffer

Kl: Markus 1,40–45 :: Bl: Apostelgeschichte 12,18–25

3. Donnerstag **Des Menschen Herz erdenkt sich seinen Weg; aber der Herr allein lenkt seinen Schritt.** *Sprüche 16,9*

Alles, was ihr tut mit Worten oder mit Werken, das tut alles im Namen des Herrn Jesus und dankt Gott, dem Vater, durch ihn. *Kolosser 3,17*

Herr, der du mich führst und mein Tun regierst, ohne dich kann nichts gelingen, sondern Wollen und Vollbringen, wenn was soll gedeihn, kommt von dir allein.
BG 868,1 Nikolaus Ludwig von Zinzendorf

Kl: Matthäus 15,29–39 :: Bl: Apostelgeschichte 13,1–12

4. Freitag **Du bist mein Schutz und mein Schild; ich hoffe auf dein Wort.** *Psalm 119,114*

Das ist der Wille meines Vaters, dass, wer den Sohn sieht und glaubt an ihn, das ewige Leben habe; und ich werde ihn auferwecken am Jüngsten Tage. *Johannes 6,40*

Wäre Christus nicht am Leben, wär der Glaube Schall und Rauch. Doch nun ging es in Erfüllung: Weil ich lebe, lebt ihr auch, müssen wir mit Adam sterben, so mit Jesus auferstehn! Alle Furcht hat nun ein Ende: Weil wir in das Leben gehn!

Nicolas Martinez/Arthur Blatezky

Kl: Johannes 6,37–40(41–46)
Bl: Apostelgeschichte 13,13–25

5. Samstag **Ach, Herr, sieh doch, wie bange ist mir. Mir dreht sich das Herz im Leibe um, weil ich so ungehorsam gewesen bin.** *Klagelieder 1,20*

Die Frau sprach: **Kommt, seht einen Menschen, der mir alles gesagt hat, was ich getan habe, ob er nicht der Christus sei!** *Johannes 4,29*

Könnt ich's irgend besser haben als bei dir, der allezeit so viel tausend Gnadengaben für mich Armen hat bereit? Könnt ich je getroster werden als bei dir, Herr Jesu Christ, dem im Himmel und auf Erden alle Macht gegeben ist? 406,2 Philipp Spitta

Kl: Johannes 4,5–14(15–18)
Bl: Apostelgeschichte 13,26–43

---

3. SONNTAG NACH TRINITATIS

Der Menschensohn ist gekommen, zu suchen und selig zu machen, was verloren ist. *Lukas 19,10*

Wochenlied: 353
Ev: Lukas 15,1–3.11b–32 :: Pr/Ep: 1. Timotheus 1,12–17
AT: Micha 7,18–20 :: Bl: Psalm 103

---

6. Sonntag **Der Übeltäter lasse von seinen Gedanken und bekehre sich zum Herrn, denn bei ihm ist viel Vergebung.** *Jesaja 55,7*

Lasst euch versöhnen mit Gott! *2. Korinther 5,20*

O lieber Herre Jesu Christ, der du unser Erlöser bist, nimm heut an unsre Danksagung aus Genaden.
68,1 Jan Hus/Michael Weiße

6. Juli 1415: Jan Hus stirbt den Märtyrertod auf dem Konzil zu Konstanz

7. Montag **Der Herr dachte an uns, als wir unterdrückt waren, denn seine Güte währet ewiglich.** *Psalm 136,23*

Betet für mich, dass mir das Wort gegeben werde, wenn ich meinen Mund auftue, freimütig das Geheimnis des Evangeliums zu verkündigen, dessen Bote ich bin in Ketten. *Epheser 6,19–20*

Herr, wir gedenken all derer, die unter Verachtung und Ungerechtigkeit leiden; unserer Brüder und Schwestern, die gedemütigt werden und unterdrückt; wir beten für die, denen die Würde genommen wird, für die Gefangenen, für die Gefolterten, für die, denen das Recht verwehrt wird. Deine Liebe und Barmherzigkeit stärke sie allezeit. Gebetswoche für den Weltfrieden

Kl: 1. Johannes 3,19–24 :: Bl: Apostelgesch. 13,44–52

8. Dienstag **Gott offenbart, was tief und verborgen ist.** *Daniel 2,22*

Jesus betete: **Gerechter Vater, die Welt kennt dich nicht; ich aber kenne dich, und diese haben erkannt, dass du mich gesandt hast.** *Johannes 17,25*

Jesus Christus, wie er uns in der Heiligen Schrift bezeugt wird, ist das eine Wort Gottes, das wir zu hören, dem wir im Leben und im Sterben zu vertrauen und zu gehorchen haben. Aus der Barmer Theologischen Erklärung

Kl: Lukas 7,36–50 :: Bl: Apostelgeschichte 14,1–7

9. Mittwoch **Gleichwie ich über sie gewacht habe, auszureißen und einzureißen, so will ich über sie wachen, zu bauen und zu pflanzen, spricht der Herr.** *Jeremia 31,28*

Erschienen ist die Gnade Gottes, allen Menschen zum Heil. Sie erzieht uns dazu, der Gottlosigkeit und den Begierden der Welt abzuschwören und besonnen, gerecht und fromm zu leben in dieser Weltzeit. *Titus 2,11–12*

Du kannst mir heute geben, was niemand sonst vermag: Schenk mir ein neues Leben an diesem neuen Tag. Erleuchte meinen Sinn. Schenk meinem Denken Klarheit und meinem Leben Wahrheit. Sei du jetzt, wo ich bin. BG 158,3 Georg Schmid

Kl: Johannes 5,1–16 :: Bl: Apostelgeschichte 14,8–20a

10. Donnerstag **Haltet meine Gebote und tut danach; ich bin der Herr.** *3. Mose 22,31*

Wer mich liebt, der wird mein Wort halten; und mein Vater wird ihn lieben, und wir werden zu ihm kommen und Wohnung bei ihm nehmen. *Johannes 14,23*

Wenn mir die Orientierung fehlt in dieser Welt, zeigst du mir einen Sinn des Ganzen. Unter allen Medien bist du die Botschaft, unter allen Möglichkeiten bist du das Ziel. Gott, hilf mir, zur Sprache zu bringen, was deine Nachricht ist. Kathrin Jütte

Kl: Matthäus 16,13–19 :: Bl: Apostelgesch. 14,20b–28

11. Freitag **HERR, wenn ich an deine ewigen Ordnungen denke, so werde ich getröstet.** *Psalm 119,52*

Wir wissen: Wenn unser irdisches Haus, diese Hütte, abgebrochen wird, so haben wir einen Bau, von Gott erbaut, ein Haus, nicht mit Händen gemacht, das ewig ist im Himmel. *2. Korinther 5,1*

Wie sollt ich nun nicht voller Freuden in deinem steten Lobe stehn? Wie sollt ich auch im tiefsten Leiden nicht triumphierend mit dir gehn? Und fiele auch der Himmel ein, so will ich doch nicht traurig sein.

Johann Mentzner

Kl: Galater 3,6–14 :: Bl: Apostelgeschichte 15,1–21

12. Samstag **So spricht der HERR: Ich habe dich erhört zur Zeit der Gnade und habe dir am Tage des Heils geholfen.** *Jesaja 49,8*

Jetzt ist sie da, die ersehnte Zeit, jetzt ist er da, der Tag der Rettung. *2. Korinther 6,2*

Geborgen, geliebt und gesegnet, gehalten, getragen, geführt besingen wir Gott. Er begegnet im Wort, das uns heute berührt.

BG 389,6 Georg Schmid

Kl: Römer 8,1–6 :: Bl: Apostelgeschichte 15,22–35

4. SONNTAG NACH TRINITATIS

Einer trage des andern Last, so werdet ihr das Gesetz Christi erfüllen. *Galater 6,2*

Wochenlied: 428 oder 495 :: Pr/Ev: Lukas 6,36–42
Ep: Römer 12,17–21 :: AT: 1. Mose 50,15–21 :: Bl: Psalm 7

13. Sonntag **HERR, von Herzen verlangt mich nach dir des Nachts, ja, mit meinem Geist suche ich dich am Morgen.** *Jesaja 26,9*

Am Morgen, noch vor Tage, stand Jesus auf und ging hinaus. Und er ging an eine einsame Stätte und betete dort. *Markus 1,35*

In dir sein, Gott, das ist alles. Das ist das Ganze, das Vollkommene, das Heilende. Die leiblichen Augen schließen, die Augen des Herzens öffnen und eingehen in deine Gegenwart. Ich hole mich aus aller Zerstreutheit zusammen und vertraue mich dir an. Ich lege mich in dich hinein wie in eine große Hand. Ich brauche nicht zu reden, damit du mich hörst. Ich brauche nicht aufzuzählen, was mir fehlt, oder dir zu sagen, was in dieser Welt geschieht und wozu wir deine Hilfe brauchen. In dir sein, Gott, das ist alles, was ich mir erbitte. Damit habe ich alles erbeten, was ich brauche für Zeit und Ewigkeit. Jörg Zink

14. Montag **Wo sind denn deine Götter, die du dir gemacht hast? Lass sie aufstehen; lass sehen, ob sie dir helfen können in deiner Not!** *Jeremia 2,28*

Meine Geliebten, flieht die Verehrung der nichtigen Götter! *1. Korinther 10,14*

Ihr, die ihr Christi Namen nennt, gebt unserm Gott die Ehre; ihr, die ihr Gottes Macht bekennt, gebt unserm Gott die Ehre! Die falschen Götzen macht zu Spott; der Herr ist Gott, der Herr ist Gott! Gebt unserm Gott die Ehre!

326,8 Johann Jakob Schütz

Kl: Lukas 5,17–26 :: Bl: Apostelgeschichte 15,36–16,5

15. Dienstag Salomo sprach: **Siehe, der Himmel und aller Himmel Himmel können dich nicht fassen – wie sollte es dann dies Haus tun, das ich gebaut habe?** *1. Könige 8,27*

Die Stunde kommt, und sie ist jetzt da, in der die wahren Beter in Geist und Wahrheit zum Vater beten werden. *Johannes 4,23*

Hier hast du Sinne und Verstand, darin regiere du und richt sie dir mit eigner Hand zum Wohlgefallen zu.

BG 423,3 Nikolaus Ludwig von Zinzendorf/ Christian Gregor

Kl: Matthäus 18,15–20 :: Bl: Apostelgeschichte 16,6–15

16. Mittwoch **Wenn der Herr nicht die Stadt behütet, so wacht der Wächter umsonst.** *Psalm 127,1*

Betet für die Regierenden und für alle, die Gewalt haben, damit wir in Ruhe und Frieden leben können, in Ehrfurcht vor Gott und in Rechtschaffenheit. *1. Timotheus 2,2*

Herr, die Mächtigen regiere, leite ihrer Augen Maß, dass die Macht sie nicht verführe, und nicht Unmaß sie erfass. Gib uns allen ihr Vertrauen, Kleinen reiche ihre Hand, dass sie miteinander bauen und bewahren unser Land. Michael Meyer

Kl: 1. Korinther 12,19–26 :: Bl: Apostelgesch. 16,16–24

17. Donnerstag **Heile du mich, HERR, so werde ich heil; hilf du mir, so ist mir geholfen.** *Jeremia 17,14*

Damit ihr wisst, dass der Menschensohn Vollmacht hat auf Erden, Sünden zu vergeben – sprach Jesus zu dem Gelähmten: Ich sage dir, steh auf, nimm dein Bett und geh heim! Und sogleich stand er auf vor ihren Augen und nahm das Bett, auf dem er gelegen hatte, und ging heim und pries Gott. *Lukas 5,24–25*

Ich bringe allen Kummer und alle Last, mein Gott, zu dir, beschenke mich mit deiner Gnade, du gütiger Gott, erbarm dich, hilf du mir! Denn bei dir, Gott, finde ich Ruhe und Trost in meinem Leid, denn bei dir, Gott, finde ich Frieden und Geborgenheit.
Christa Spilling-Nöker

Kl: Apostelgesch. 4,32–37 :: Bl: Apostelgesch. 16,25–40

18. Freitag **Unsre Abtrünnigkeit steht uns vor Augen, und wir kennen unsre Sünden: abtrünnig sein und den HERRN verleugnen.** *Jesaja 59,12–13*

Wenn jemand sündigt, so haben wir einen Fürsprecher bei dem Vater, Jesus Christus, der gerecht ist.
1. Johannes 2,1

Ich habe dich gefunden, mein Gott, wie ein Kind, das in böse – fremde Obhut gegeben, entflieht – und sich nach vielen Mühen und Abenteuern endlich an eine teure Brust schmiegt und dem Lied ihres Herzens lauscht.

Janusz Korczak

Kl: Philipper 2,1–5 :: Bl: Philipper 1,1–11

19. Samstag **Meine Seele ist stille zu Gott, der mir hilft.** *Psalm 62,2*

Es ist gerecht bei Gott, dass er denen vergilt mit Bedrängnis, die euch bedrängen, euch aber, die ihr Bedrängnis leidet, Ruhe gibt zusammen mit uns, wenn der Herr Jesus offenbart wird vom Himmel her.

2. Thessalonicher 1,6–7

Die ihr schwebt in großem Leide, sehet, hier ist die Tür zu der wahren Freude; fasst ihn wohl, er wird euch führen an den Ort, da hinfort euch kein Kreuz wird rühren. 36,7 Paul Gerhardt

Kl: Galater 6,1–5 :: Bl: Philipper 1,12–18a

---

5. SONNTAG NACH TRINITATIS

Aus Gnade seid ihr gerettet durch Glauben, und das nicht aus euch: Gottes Gabe ist es. *Epheser 2,8*

Wochenlied: 241 oder 313

Ev: Lukas 5,1–11 :: Ep: 1. Korinther 1,18–25

AT: 1. Mose 12,1–4a :: Pr: Matthäus 9,35–10,1(2–4)5–10

Bl: Psalm 26

---

20. Sonntag **Du bist ja doch unter uns, Herr, und wir heißen nach deinem Namen; verlass uns nicht!**

Jeremia 14,9

In Antiochia wurden die Jünger zuerst Christen genannt. *Apostelgeschichte 11,26*

Du inniglich geliebtes Haupt, wir wolln dich etwas bitten, du hast's den Deinen ja erlaubt, ihr Herz dir auszuschütten: Mach uns zu deiner treuen Schar und lass die Welt erkennen, dass wir uns doch nicht ganz und gar mit Unrecht Christen nennen.

BG 505,1 Nikolaus Ludwig von Zinzendorf

21. Montag **Friede, Friede denen in der Ferne und denen in der Nähe, spricht der Herr; ich will sie heilen.** *Jesaja 57,19*

Gott hat das Wort dem Volk Israel gesandt und Frieden verkündigt durch Jesus Christus, welcher ist Herr über alles. *Apostelgeschichte 10,36*

Lass uns in deiner Hand finden, was du für alle verheißen. Herr, fülle unser Verlangen, gib du uns selber den Frieden. Friede soll mit euch sein, Friede für alle Zeit! Nicht so, wie ihn die Welt euch gibt, Gott selber wird es sein.

BG 97,3 Zofia Jasnota

Kl: Jeremia 20,7–11 :: Bl: Philipper 1,18b–26

22. Dienstag **Ehe ich gedemütigt wurde, irrte ich; nun aber halte ich dein Wort.** *Psalm 119,67*

Jesus spricht zu Simon Petrus: Simon, Sohn des Johannes, hast du mich lieb? Er spricht zu ihm: Ja, Herr, du weißt, dass ich dich lieb habe. Spricht Jesus zu ihm: Weide meine Schafe! *Johannes 21,16*

Wenn du mich daher heute wie seinerzeit den Petrus fragen würdest »Liebst du mich?«, so würde ich nicht die Antwort wagen: »Du weißt, dass ich dich liebe«. Aber frohen und sicheren Gewissens könnte ich sagen: »Du weißt, dass ich dich lieben möchte.«

Wilhelm von Saint-Thierry

Kl: Hesekiel 2,3–8a :: Bl: Philipper 1,27–2,4

23. Mittwoch **Der HERR führte mich hinaus ins Weite, er befreite mich, denn er hat Gefallen an mir.**

Psalm 18,20

Durch Gottes Gnade bin ich, was ich bin. Und seine Gnade an mir ist nicht vergeblich gewesen.

1. Korinther 15,10

Erhalte mich auf deinen Stegen und lass mich nicht mehr irre gehn; lass meinen Fuß in deinen Wegen nicht straucheln oder stillestehn; erleucht mir Leib und Seele ganz, du starker Himmelsglanz!

400,6 Johann Scheffler

Kl: Galater 1,13–24 :: Bl: Philipper 2,5–11

24. Donnerstag **Höre mein Gebet, HERR, und vernimm mein Schreien, schweige nicht zu meinen Tränen.** *Psalm 39,13*

Eine Sünderin trat von hinten zu Jesu Füßen, weinte und fing an, seine Füße mit Tränen zu netzen und mit den Haaren ihres Hauptes zu trocknen, und küsste seine Füße und salbte sie mit dem Salböl. Jesus aber sprach zu der Frau: Dein Glaube hat dir geholfen; geh hin in Frieden! *Lukas 7,38.50*

Du lässt uns nicht ohne dein Reden. Du lässt uns nicht ohne deinen Frieden. Deine Liebe ist so mächtig, dass sie Raum um uns bleibt, auch da, wo wir noch klagen und tief unglücklich sind in uns selbst. Du verstehst unsere törichten Gedanken. Du trägst uns auch in allen Anfechtungen, Nöten und Leiden. Du bist es, der unser tiefstes Fragen stillt. Zu dir dürfen wir reden, zu dir dürfen wir kommen allezeit, wenn wir nicht mehr weiter wissen. Hanna Hümmer

Kl: Apostelgeschichte 15,4–12 :: Bl: Philipper 2,12–18

25. Freitag **Gott, wir haben mit unsern Ohren gehört, unsre Väter haben's uns erzählt, was du getan hast zu ihren Zeiten, vor alters.** *Psalm 44,2*

Es wird eine Zeit kommen, da sie die heilsame Lehre nicht ertragen werden; sondern nach ihrem eigenen Begehren werden sie sich selbst Lehrer aufladen, nach denen ihnen die Ohren jucken.
2. Timotheus 4,3

Nicht daran, wie einer von Gott redet, erkenne ich, ob seine Seele durch das Feuer der göttlichen Liebe gegangen ist, sondern daran, wie er von irdischen Dingen spricht. Simone Weil

Kl: Römer 9,14–23(24–26) :: Bl: Philipper 2,19–30

26. Samstag **Ich will euch heimsuchen, spricht der Herr, nach der Frucht eures Tuns.** *Jeremia 21,14*

Sein Herr sprach zu ihm: Recht so, du guter und treuer Knecht, du bist über wenigem treu gewesen, ich will dich über viel setzen; geh hinein zu deines Herrn Freude! *Matthäus 25,21*

Danket dem Schöpfer unsrer Welt, der uns lässt Treue erfahren: Er hat uns in den Dienst gestellt, dass wir sein Werk nun bewahren. Brüder und Schwestern, wehrt dem Leid mit Werken der Barmherzigkeit. Dienet dem Herren mit Freuden. Helmut Millauer

Kl: 2. Korinther 12,1–10 :: Bl: Philipper 3,1–11

---

6. SONNTAG NACH TRINITATIS

So spricht der Herr, der dich geschaffen hat, Jakob, und dich gemacht hat, Israel: Fürchte dich nicht, denn ich habe dich erlöst; ich habe dich bei deinem Namen gerufen; du bist mein! *Jesaja 43,1*

Wochenlied: 200

Ev: Matthäus 28,16–20 :: Ep: Römer 6,3–8(9–11)

AT: Jesaja 43,1–7 :: Pr: 1. Petrus 2,2–10 :: Bl: Psalm 21

---

27. Sonntag **Der Herr wird seinem Volk Kraft geben.** *Psalm 29,11*

Gott hat uns nicht gegeben den Geist der Furcht, sondern der Kraft und der Liebe und der Besonnenheit. *2. Timotheus 1,7*

Meine ganze Ohnmacht, was mich beugt und lähmt, bringe ich vor dich. Wandle sie in Stärke: Herr, erbarme dich. Mein verlornes Zutraun, meine Ängstlichkeit bringe ich vor dich. Wandle sie in Wärme: Herr, erbarme dich.

BG 712,2.3 Eugen Eckert

28. Montag **Du sollst den Namen des HERRN, deines Gottes, nicht missbrauchen; denn der HERR wird den nicht ungestraft lassen, der seinen Namen missbraucht.** *2. Mose 20,7*

Unser Vater im Himmel! Dein Name werde geheiligt. *Matthäus 6,9*

Wir sollen Gott fürchten und lieben, dass wir bei seinem Namen nicht fluchen, schwören, zaubern, lügen oder trügen, sondern ihn in allen Nöten anrufen, beten, loben und danken. Martin Luther

Kl: 2. Mose 14,15–22 :: Bl: Philipper 3,12–16

29. Dienstag **HERR, erhebe dich in deiner Kraft, so wollen wir singen und loben deine Macht.** *Psalm 21,14*

Als Jesus schon nahe am Abhang des Ölbergs war, fing die ganze Menge der Jünger an, mit Freuden Gott zu loben mit lauter Stimme über alle Taten, die sie gesehen hatten. *Lukas 19,37*

Gottes Wort ruft uns zur Freude über das, was war und ist. Gottes Werke sind unendlich, die kein Sterblicher ermisst. Singend und mit Macht ergriffen blicken wir zum Herrn empor, um vereint mit einzustimmen in des Himmels großen Chor. Detlev Block

Kl: 1. Mose 32,23–32(33) :: Bl: Philipper 3,17–21

30. Mittwoch **Behalte meine Gebote, so wirst du leben, und hüte meine Weisung wie deinen Augapfel.**
Sprüche 7,2

Da sagte der junge Mann zu Jesus: Das alles habe ich befolgt. Was fehlt mir noch? *Matthäus 19,20*

Liebe und übe, was Jesus dich lehret, was er dir saget, dasselbige tu; hasse und lasse, was sein Wort verwehret: so findst du Frieden und ewige Ruh. Selig, die also sich Jesus ergeben, gläubig und heilig nach seinem Wort leben! Bartholomäus Crasselius

Kl: Apostelgeschichte 16,23–34 :: Bl: Philipper 4,1–9

31. Donnerstag **So hoch der Himmel über der Erde ist, lässt er seine Gnade walten über denen, die ihn fürchten.** *Psalm 103,11*

Wo aber die Sünde ihr volles Maß erreicht hatte, da wuchs die Gnade über alles Maß hinaus. Wie die Sünde ihre Macht ausübte, indem sie den Tod brachte, so wird die Gnade ihre Macht ausüben, indem sie uns vor Gott bestehen lässt und zum ewigen Leben führt. Das verdanken wir Jesus Christus, unserem Herrn. *Römer 5,20–21*

O großer Gott von Macht und Stärke und groß auch von Barmherzigkeit, dass man durch deine Gnadenwerke doch recht erkennte weit und breit, wie herzlich du die Menschen liebst, ohn Ende Gut- und Wohltun übst.
BG 688,3 Henriette Katharina von Gersdorf

Kl: Matthäus 18,1–6 :: Bl: Philipper 4,10–23

AUGUST

Monatsspruch: Gottes Hilfe habe ich erfahren bis zum heutigen Tag und stehe nun hier und bin sein Zeuge.
Apostelgeschichte 26,22

1. Freitag **Bist du es nicht, HERR, unser Gott, auf den wir hoffen?** *Jeremia 14,22*

Gott hat uns ewiges Leben gegeben, und wir erhalten dieses Leben durch seinen Sohn. *1. Johannes 5,11*

Hoffen, wider alle Hoffnung glauben, dass es dennoch weitergeht. Lieben, wo es beinah nicht mehr möglich, damit die Welt auch morgen noch besteht. Trauen dem, der uns gesagt hat: »Seht doch, ich bin bei euch alle Zeit.« Mit uns ist er auch in unserm Suchen, bis wir ihn schaun im Licht der Ewigkeit. BG 251,1.4 Heinz Martin Lonquich

Kl: 1. Johannes 5,6–10 :: Bl: Apostelgeschichte 17,1–15

2. Samstag **Denke keiner gegen seinen Bruder etwas Arges in seinem Herzen!** *Sacharja 7,10*

Euch allen sage ich: Haltet in derselben Gesinnung zusammen und habt Mitgefühl füreinander! Liebt euch gegenseitig als Brüder und Schwestern! Seid gütig und zuvorkommend zueinander! *1. Petrus 3,8*

So lass denn deinen Friedenswind uns sanft und stark durchwehen, dass Herz und Herze sich verbind, geeint vor dir zu stehen. Und wenn wir mit vereinter Kraft zu deinem Herzen eilen, wollst du, der neues Leben schafft, all unsre Schäden heilen. BG 375,2 Anna Dober

Kl: Offenbarung 3,1–6 :: Bl: Apostelgesch. 17,16–34

7. SONNTAG NACH TRINITATIS

So seid ihr nun nicht mehr Gäste und Fremdlinge, sondern Mitbürger der Heiligen und Gottes Hausgenossen.
Epheser 2,19

Wochenlied: 320 oder 418
Ev: Johannes 6,1–15 :: Ep: Apostelgeschichte 2,41–47
AT: 2. Mose 16,2–3.11–18 :: Pr: Johannes 6,30–35
Bl: Psalm 11

3. Sonntag Der HERR spricht: **Ich will dich unterweisen und dir den Weg zeigen, den du gehen sollst.**
Psalm 32,8

Jesus spricht: **Folge du mir nach!** *Johannes 21,22*

Dir zu folgen, Gott, ist ein Weg in die Freiheit. Und auf dich zu hören, führt über ausgetretene Pfade hinaus. Schenke mir die Kraft zu tun, was ich fürchte, zu gehen, wohin ich nicht will, zu sehen, was mich erschreckt, zu hören, was mich entsetzt. Schenke mir Mut zu mir selbst und Liebe für die anderen. Durch Jesus Christus. Ulrike Wagner-Rau

4. Montag **Der HERR ist ein Gott des Rechts. Wohl allen, die auf ihn harren!** *Jesaja 30,18*

Wenn es jemandem unter euch an Weisheit mangelt, so bitte er Gott, der jedermann gern und ohne Vorwurf gibt; so wird sie ihm gegeben werden. *Jakobus 1,5*

Herr, erbarm, erbarme dich. Lass uns deine Güte schauen; deine Treue zeige sich, wie wir fest auf dich vertrauen. Auf dich hoffen wir allein: Lass uns nicht verloren sein. 331,11 Ignaz Franz

Kl: Johannes 6,47–51 :: Bl: Apostelgeschichte 18,1–22

5. Dienstag **Der Herr sprach zu Mose: Du sollst alles reden, was ich dir gebieten werde.** *2. Mose 7,1.2*

Verkündige das Wort, tritt dafür ein, zur Zeit oder Unzeit, widerlege, tadle, bitte, in aller Geduld, wo die Lehre es gebietet! *2. Timotheus 4,2*

Hilf, dass ich rede stets, womit ich kann bestehen; lass kein unnützlich Wort aus meinem Munde gehen; und wenn in meinem Amt ich reden soll und muss, so gib den Worten Kraft und Nachdruck ohn Verdruss.
495,3 Johann Heermann

Kl: Matthäus 22,1–14 :: Bl: Apostelgesch. 18,23–19,7

6. Mittwoch **Ich will dem Herrn singen, denn er ist hoch erhaben.** *2. Mose 15,1*

Ich will beten mit dem Geist und will auch beten mit dem Verstand; ich will Psalmen singen mit dem Geist und will auch Psalmen singen mit dem Verstand. *1. Korinther 14,15*

Sei Lob und Preis mit Ehren Gott Vater, Sohn und Heilgem Geist! Der wolle in uns mehren, was er aus Gnaden uns verheißt, dass wir ihm fest vertrauen, uns gründen ganz auf ihn, von Herzen auf ihn bauen, dass unser Mut und Sinn ihm allezeit anhangen. Drauf singen wir zur Stund: Amen, wir werden's erlangen, glaubn wir von Herzensgrund.
289,5 Johann Gramann

Kl: Apostelgeschichte 10,(21–23)24–36

Bl: Apostelgeschichte 19,8–22

7. Donnerstag **Ihr erwartet wohl viel, aber siehe, es wird wenig; und wenn ihr's schon heimbringt, so blase ich's weg. Warum das?, spricht der HERR Zebaoth. Weil mein Haus so wüst dasteht; ihr aber eilt, ein jeder für sein Haus zu sorgen.** *Haggai 1,9*

Jesus sprach: **Weh euch Pharisäern! Denn ihr gebt den Zehnten von Minze und Raute und allem Kraut und geht vorbei am Recht und an der Liebe Gottes. Doch dies sollte man tun und jenes nicht lassen.**

Lukas 11,42

Lass Handel und Gewerbe unter uns dir geheiligt sein; lass es redlich zugehen in allen Dingen. Segne alle ehrliche Arbeit und mach uns treu in unserm Beruf; mach uns bereit, Opfer zu bringen und Liebe zu beweisen gegen jedermann, und lass wohlzutun und mitzuteilen uns nie vergessen. Aus einer Liturgie der Brüdergemeine

Kl: 1. Korinther 10,16.17

Bl: Apostelgeschichte 19,23–40

8. Freitag **Ich habe mir vorgenommen: Ich will mich hüten, dass ich nicht sündige mit meiner Zunge.** *Psalm 39,2*

Aus e i n e m Munde kommt Loben und Fluchen. Das soll nicht so sein, meine Brüder und Schwestern.

Jakobus 3,10

Ich rede, wenn ich schweigen sollte, und wenn ich etwas sagen sollte, dann bin ich plötzlich stumm. Herr, hilf das Rechte sagen. Hilf uns das Gute wagen. Herr, hilf das Rechte tun. BG 724,1 Kurt Rommel

Kl: Lukas 22,14–20 :: Bl: Apostelgeschichte 20,1–16

9. Samstag **Tut von euch die fremden Götter, die unter euch sind, und neigt euer Herz zu dem HERRN.**
Josua 24,23

Paulus sagt: **Ich habe nichts verschwiegen, was für euch wichtig ist. Ich habe Juden und Griechen beschworen, zu Gott umzukehren und an Jesus, unseren Herrn, zu glauben.** *Apostelgeschichte 20,20.21*

Ich danke dir, mein Herr Christus, mit Herz und Mund preise und lobe ich dich vor der Welt, dass du der bist, der mir gnädig ist und mir hilft. Denn so hab ich's angenommen in der Taufe: dass du mein Herr und Gott sein sollst und kein anderer. Martin Luther

Kl: Offenbarung 19,4–9

Bl: Apostelgeschichte 20,17–38

---

8. SONNTAG NACH TRINITATIS

Wandelt als Kinder des Lichts; die Frucht des Lichts ist lauter Güte und Gerechtigkeit und Wahrheit.
Epheser 5,8b.9

Wochenlied: 262 oder 263 :: Ev: Matthäus 5,13–16
Ep: Epheser 5,8b–14 :: Pr/AT: Jesaja 2,1–5 :: Bl: Psalm 14

---

10. Sonntag **Der HERR segne dich und behüte dich.**
4. Mose 6,24

Seid gewiss: Ich bin bei euch alle Tage bis an der Welt Ende. *Matthäus 28,20*

Mein Gott segnet mich – ich tanze voller Freude. Mein Gott behütet mich – ich singe seine Lieder. Mein Gott liebt mich sehr – ihm sei Lob, Preis und Ehre. Mein Gott nimmt mich an – ich bin und bleib sein Kind. Aus Westafrika

11. Montag **Wer des Herrn Namen anrufen wird, der soll errettet werden.** *Joel 3,5*

Jesus sprach: Seht zu, lasst euch nicht verführen. Denn viele werden kommen unter meinem Namen und sagen: Ich bin's, und: Die Zeit ist herbeigekommen. – Lauft ihnen nicht nach! *Lukas 21,8*

Behüt mich, Herr, hilf recht vollbringen, nicht rechts, nicht links, nicht rückwärts schaun und Dir nur über allen Dingen in Furcht und Liebe recht vertraun trotz aller Not, mit aller Kraft, die Deine Gnade wirkt und schafft! Arno Pötzsch

Kl: Matthäus 7,7–12 :: Bl: Apostelgeschichte 21,1–14

12. Dienstag **Der Herr lebt! Gelobt sei mein Fels!** *Psalm 18,47*

Jesus sprach zu ihnen: So steht's geschrieben, dass der Christus leiden wird und auferstehen von den Toten am dritten Tage. *Lukas 24,46*

Es war getötet Jesus Christ, und sieh, er lebet wieder. Weil nun das Haupt erstanden ist, stehn wir auch auf, die Glieder. So jemand Christi Worten glaubt, im Tod und Grabe der nicht bleibt; er lebt, ob er gleich stirbet.
113,5 Georg Weissel/Lüneburg

Kl: Matthäus 5,33–37 :: Bl: Apostelgeschichte 21,15–26

13. Mittwoch **Gottes Wahrheit ist Schirm und Schild.** *Psalm 91,4*

Wer die Wahrheit tut, der kommt zu dem Licht, damit offenbar wird, dass seine Werke in Gott getan sind. *Johannes 3,21*

Ich fühle wohl, dass ich dich liebe und mich in deinen Wegen übe; nur ist von der Unlauterkeit die Liebe noch nicht ganz befreit. Ich weiß mir zwar nicht selbst zu raten, hier gelten nichts der Menschen Taten. Wer macht sein Herz wohl selber rein? Es muss durch dich gewirket sein. BG 566,4.6 Christian Friedrich Richter

Kl: Sprüche 8,12–21 :: Bl: Apostelgeschichte 21,27–40

13. August 1727: Abendmahlsfeier in der Kirche zu Berthelsdorf; Zusammenschluss der Einwohner Herrnhuts zur Brüdergemeine durch den Geist Gottes

14. Donnerstag **Der Herr sprach: Ich habe vergeben, wie du es erbeten hast.** *4. Mose 14,20*

Wenn ihr steht und betet, so vergebt, wenn ihr etwas gegen jemanden habt, damit auch euer Vater im Himmel euch vergebe eure Übertretungen.

Markus 11,25

Wie leicht ist es zu beten: Gott, vergib! Wie schwer ist es, dem andern zu vergeben! Wie sorgsam pflege ich verletzten Stolz! Wie lange trag ich nach, was man mir angetan! Herr, lehr mich loszulassen, damit ich frei bin, deine Hand zu fassen. *

Kl: 1. Korinther 12,27–13,3 :: Bl: Apostelgesch. 22,1–22

15. Freitag **Ich will dich loben mein Leben lang und meine Hände in deinem Namen aufheben.**

Psalm 63,5

Das ganze Volk sah den Geheilten umhergehen und Gott loben. *Apostelgeschichte 3,9*

Ich will dich all mein Leben lang, o Gott, von nun an ehren, man soll, Gott, deinen Lobgesang an allen Orten hören. Mein ganzes Herz ermuntre sich, mein Geist und Leib erfreue dich! Gebt unserm Gott die Ehre!
326,7 Johann Jakob Schütz

Kl: Epheser 4,25–32 :: Bl: Apostelgeschichte 22,23–30

16. Samstag **Ist's nicht so: Wenn du fromm bist, so kannst du frei den Blick erheben. Bist du aber nicht fromm, so lauert die Sünde vor der Tür, und nach dir hat sie Verlangen; du aber herrsche über sie.**
1. Mose 4,7

Als Judas, der Jesus verraten hatte, sah, dass er zum Tode verurteilt war, reute es ihn, und er brachte die dreißig Silberlinge den Hohenpriestern und Ältesten zurück und sprach: Ich habe gesündigt, unschuldiges Blut habe ich verraten. *Matthäus 27,3–4*

Wenn ins Gericht du wolltest gehn und mit uns Sündern rechten, wie könnten wir vor dir bestehn und wer würd uns verfechten! O Herr, sieh uns barmherzig an und hilf uns wieder auf die Bahn zur Pforte der Gerechten.
BG 727,5 Michael Weiße

Kl: Philipper 2,(13)14–18 :: Bl: Apostelgesch. 23,1–11

---

9. SONNTAG NACH TRINITATIS

Wem viel gegeben ist, bei dem wird man viel suchen; und wem viel anvertraut ist, von dem wird man umso mehr fordern. *Lukas 12,48b*

Wochenlied: 397

Ev: Matthäus 13,44–46 :: Pr/Ep: Philipper 3,(4b–6)7–14

AT: Jeremia 1,4–10 :: Bl: Psalm 63

---

17. Sonntag **Unser Leben währet siebzig Jahre, und wenn's hoch kommt, so sind's achtzig Jahre, und was daran köstlich scheint, ist doch nur vergebliche Mühe; denn es fähret schnell dahin, als flögen wir davon.** *Psalm 90,10*

Christus möchte ich erkennen und die Kraft seiner Auferstehung. *Philipper 3,10*

Darum will ich vertrauen und meine Hoffnung bauen auf dich, den Herrn der Zeit. Gewähre mir die Gnade, dass ich am End' der Pfade darf schauen deine Herrlichkeit. Andreas Tasche

18. Montag **Machet kund unter den Völkern sein Tun, verkündiget, wie sein Name so hoch ist!** *Jesaja 12,4*

Geht nun hin und macht alle Völker zu Jüngern: Tauft sie auf den Namen des Vaters und des Sohnes und des heiligen Geistes, und lehrt sie alles halten, was ich euch geboten habe. *Matthäus 28,19–20*

Herr, sende mich wie deine Jünger und gehe du mir selbst voran. Ich will dir folgen, will bei dir bleiben und will dir treu sein; gib du mir Kraft. 210,5 Otmar Schulz

Kl: Lukas 16,10–13 :: Bl: Apostelgeschichte 23,12–35

19. Dienstag **Der Himmel wird wie ein Rauch vergehen und die Erde wie ein Kleid zerfallen, und die darauf wohnen, werden wie Mücken dahinsterben. Aber mein Heil bleibt ewiglich.** *Jesaja 51,6*

Wenn aber kommen wird das Vollkommene, so wird das Stückwerk aufhören. *1. Korinther 13,10*

Aber noch tragen wir der Erde Kleid. Uns hält gefangen Irrtum, Schuld und Leid; doch deine Treue hat uns schon befreit. Halleluja! Welch ein Geheimnis wird an uns geschehn! Leid und Geschrei und Schmerz muss dann vergehn, wenn wir von Angesicht dich werden sehn. Halleluja! 154,4.3 Anna Martina Gottschick

Kl: 1. Könige 3,16–28 :: Bl: Apostelgeschichte 24,1–21

20. Mittwoch **Nur Hauch sind die Menschen, Trug die Sterblichen. Auf der Waage schnellen sie empor, allesamt leichter als Hauch.** *Psalm 62,10*

Sammelt euch Schätze im Himmel, wo weder Motten noch Rost sie fressen und wo Diebe nicht einbrechen und stehlen. Denn wo dein Schatz ist, da ist auch dein Herz. *Matthäus 6,20–21*

Du großer Gott der Ewigkeit, in deiner Hand steht meine Zeit. Du gibst mir Raum zum Leben und wirst mir auch den Lebenshauch nach dieser Weltzeit geben. So seid getrost und unverzagt, die ihr auf Gott das Leben wagt! Ihr werdet es erfahren, dass ihr sie spürt, wie sie euch führt, die Macht des Unsichtbaren. Detlev Block

Kl: 1. Korinther 10,23–31 :: Bl: Apostelgesch. 24,22–27

21. Donnerstag Gott spricht: **Im Schweiß deines Angesichts wirst du dein Brot essen, bis du zum Erdboden zurückkehrst, denn von ihm bist du genommen. Denn Staub bist du, und zum Staub kehrst du zurück.** *1. Mose 3,19*

Wer auf den Boden seiner selbstsüchtigen Natur sät, wird von seiner Selbstsucht das Verderben ernten. Aber wer auf den Boden von Gottes Geist sät, wird von diesem Geist das ewige Leben ernten. *Galater 6,8*

Wir sind mitten im Leben zum Sterben bestimmt; was da steht, das wird fallen. Der Herr gibt und nimmt. Wir gehören für immer dem Herrn, der uns liebt; was auch soll uns geschehen: Er nimmt und er gibt. Wir sind mitten im Sterben zum Leben bestimmt; was da fällt, soll erstehen. Er gibt, wenn er nimmt.
BG 962,1–3 Lothar Zenetti

Kl: 1. Timotheus 4,6–16 :: Bl: Apostelgeschichte 25,1–12

21. August 1732: Aussendung der ersten Missionare aus Herrnhut

22. Freitag **Nehmt euch in acht bei eurem Tun, denn beim Herrn, unserem Gott, gibt es keine Ungerechtigkeit und kein Ansehen der Person und keine Bestechlichkeit.** *2. Chronik 19,7*

Prüft, was dem Herrn wohlgefällig ist. *Epheser 5,10*

Herr, siehe, in meinem Leben steigt eine dunkle Wolke voller Schwierigkeiten auf. Schenke mir deine Weisheit, damit ich im richtigen Moment richtig handle! Ich stelle alles unter deine Regie und will deinem Wink folgen. Öffne mir die inneren Augen und Ohren, damit ich deine Stimme höre und deinen Willen erkennen kann! Brunhilde Ludewig

Kl: Jeremia 1,11–19 :: Bl: Apostelgeschichte 25,13–27

23. Samstag **Mir hast du Arbeit gemacht mit deinen Sünden und hast mir Mühe gemacht mit deinen Missetaten. Ich, ich tilge deine Übertretungen um meinetwillen und gedenke deiner Sünden nicht.** *Jesaja 43,24–25*

Jesus antwortete ihnen: Mein Vater wirkt bis auf diesen Tag, und ich wirke auch. *Johannes 5,17*

O Gott und Vater, sieh doch an uns Armen und Elenden, die wir sehr übel han getan mit Herzen, Mund und Händen; verleih uns, dass wir Buße tun und sie in Christus, deinem Sohn, zur Seligkeit vollenden.
144,2 Michael Weiße

Kl: Lukas 12,42–48 :: Bl: Apostelgeschichte 26,1–23

---

10. SONNTAG NACH TRINITATIS (Israelsonntag)

Wohl dem Volk, dessen Gott der HERR ist, dem Volk, das er zum Erbe erwählt hat! *Psalm 33,12*

Wochenlied: 290 oder 429 :: Pr/Ev: Markus 12,28–34
Ep: Römer 11,25–32 :: AT: 2. Mose 19,1–6 :: Bl: Psalm 17

---

24. Sonntag **Wir, dein Volk, die Schafe deiner Weide, danken dir ewiglich und verkünden deinen Ruhm für und für.** *Psalm 79,13*

Jesus spricht: **Ich bin der gute Hirte und kenne die Meinen und die Meinen kennen mich.** *Johannes 10,14*

Walte über uns in Lieb und Gnaden, führ uns sicher, wend ab allen Schaden, dass deine Herde, treuster Hirte, dir zum Preise werde. BG 508,3 Christian Gregor

25. Montag **Wenn du auf die Stimme des HERRN, deines Gottes, hörst: Gesegnet bist du in der Stadt, und gesegnet bist du auf dem Feld.** *5. Mose 28,2–3*

Ihr bittet und empfangt's nicht, weil ihr in übler Absicht bittet, nämlich damit ihr's für eure Gelüste vergeuden könnt. *Jakobus 4,3*

Herr über Schöpfung und Gewalt und alle Elemente, gebiete doch dem Missbrauch Halt, der uns vernichten könnte. Gib statt Gefahr und Strahlennot gesunde Luft und Frieden und wehr dem unsichtbaren Tod in Ost, West, Nord und Süden.
BG 110,4 Detlev Block
Kl: Römer 11,1–6(7–10)11.12 :: Bl: Apostelgesch. 26,24–32

26. Dienstag **Der Herr behütet dich; der Herr ist dein Schatten über deiner rechten Hand, dass dich des Tages die Sonne nicht steche noch der Mond des Nachts.** *Psalm 121,5–6*

Gnade sei mit euch und Friede von Gott, unserm Vater, und dem Herrn Jesus Christus! *Philemon 3*

Der Gott, der Hoffnung macht, schenke euren Träumen langen Atem, dass euch nicht alle guten Geister verlassen, dass euch die Liebe nicht ausgeht zu allem Lebendigen, dass die Zärtlichkeit euch zu Nächsten macht, dass, wo immer ihr seid, Friede und Gerechtigkeit sich küssen. Sybille Fritsch
Kl: Jesaja 51,1–6(7) :: Bl: Apostelgeschichte 27,1–12

27. Mittwoch **Wen der Herr liebt, den weist er zurecht, und hat doch Wohlgefallen an ihm wie ein Vater am Sohn.** *Sprüche 3,12*

Der Vater sprach zum älteren Sohn: **Feiern muss man jetzt und sich freuen, denn dieser dein Bruder war tot und ist lebendig geworden, war verloren und ist gefunden worden.** *Lukas 15,32*

Vater im Himmel! Deine Gnade und Barmherzigkeit wechseln nicht mit dem Wechsel der Zeiten, als wärest du ein Mensch, den einen Tag gnädiger, den anderen Tag zorniger. Nein, deine Gnade bleibt unverändert und doch jung und neu mit jedem neuen Tag. Sören Kierkegaard

Kl: Johannes 4,19–26 :: Bl: Apostelgeschichte 27,13–26

28. Donnerstag **Du wirst sein eine schöne Krone in der Hand des HERRN und ein königlicher Reif in der Hand deines Gottes.** *Jesaja 62,3*

Jesus sprach: **Wenn du eingeladen bist, so geh hin und setz dich untenan, damit, wenn der kommt, der dich eingeladen hat, er zu dir sagt: Freund, rücke hinauf! Dann wirst du Ehre haben vor allen, die mit dir zu Tisch sitzen.** *Lukas 14,10*

Wann, o Herr Jesu, dort vor deinem Throne wird stehn auf meinem Haupt die Ehrenkrone, da will ich dir, wenn alles wird wohl klingen, Lob und Dank singen.
81,11 Johann Heermann

Kl: Römer 11,(13–16)17–24 :: Bl: Apostelgeschichte 27,27–44

29. Freitag **HERR Zebaoth, du bist allein Gott über alle Königreiche auf Erden, du hast Himmel und Erde gemacht.** *Jesaja 37,16*

Alles ist durch ihn geworden, und ohne ihn ist auch nicht eines geworden, das geworden ist. *Johannes 1,3*

Gott steht am Anbeginn und er wird alles enden. In seinen starken Händen liegt Ursprung, Ziel und Sinn.
199,5 Jan Wit/Markus Jenny

Kl: Epheser 2,11–18 :: Bl: Apostelgeschichte 28,1–16

30. Samstag **Herr, du lässt mich genesen und am Leben bleiben.** *Jesaja 38,16*

Es traf sich aber, dass der Vater des Publius mit Fieber und Durchfall darniederlag. Da ging Paulus zu ihm hinein und betete, legte ihm die Hände auf und machte ihn gesund. *Apostelgeschichte 28,8*

Den Kranken in der Gemeine bleib ein Arzt und Helfer für Seel und Leib und lass ihre Schwachheit gesegnet werden, dein Werk und Willen zu tun auf Erden, in ihrem Teil. BG 642,4 Nikolaus Ludwig von Zinzendorf

Kl: 5. Mose 4,27–35(36–40) :: Bl: Apostelgeschichte 28,17–31

---

11. SONNTAG NACH TRINITATIS

Gott widersteht den Hochmütigen, aber den Demütigen gibt er Gnade. *1. Petrus 5,5b*

Wochenlied: 299 :: Ev: Lukas 18,9–14
Ep: Epheser 2,4–10 :: AT: 2. Samuel 12,1–10.13–15a
Pr: Hiob 23 :: Bl: Psalm 119,49–56

---

31. Sonntag **Wohl allen, die auf ihn trauen!** *Psalm 2,12*

Durch Christus Jesus haben wir Freimut und Zugang in aller Zuversicht durch den Glauben an ihn. *Epheser 3,12*

Herr, ich komme zu dir, und ich steh' vor dir, so wie ich bin. Alles, was mich bewegt, lege ich vor dich hin. Herr, ich komme zu dir, und ich schütte mein Herz bei dir aus. Was mich hindert, ganz bei dir zu sein, räume aus! Meine Sorgen sind dir nicht verborgen, du wirst sorgen für mich. Voll Vertrauen will ich auf dich schauen. Herr, ich baue auf dich! Albert Frey

SEPTEMBER

Monatsspruch: Gott ist unsre Zuversicht und Stärke.
Psalm 46,2

1. Montag **Haltet dem HERRN, eurem Gott, die Treue, so wie ihr es bisher getan habt.** *Josua 23,8*

Wir wollen die Versammlung der Gemeinde nicht verlassen, wie es bei einigen üblich geworden ist, sondern einander mit Zuspruch beistehen, und dies umso mehr, als ihr den Tag nahen seht. *Hebräer 10,25*

Geschwister, wir geben uns Herzen und Hände, treu wollen wir bleiben und fest bis ans Ende in Jesus verbunden, wohin wir auf Erden zum Säen und Ernten auch ausgesandt werden.
511,4 Nikolaus Ludwig von Zinzendorf

Kl: Matthäus 23,1–12 :: Bl: 4. Mose 6,22–27

2. Dienstag **Wer bin ich, Herr HERR, und was ist mein Haus, dass du mich bis hierher gebracht hast?**
2. Samuel 7,18

Als Lydia aber mit ihrem Hause getauft war, bat sie uns und sprach: Wenn ihr anerkennt, dass ich an den Herrn glaube, so kommt in mein Haus und bleibt da. *Apostelgeschichte 16,15*

Eins aber, hoff ich, wirst du mir, mein Heiland nicht versagen: dass ich dich möge für und für in, bei und an mir tragen. So lass mich doch dein Kripplein sein; komm, komm und lege bei mir ein dich und all deine Freuden. 37,9 Paul Gerhardt

Kl: 1. Samuel 17,38–51 :: Bl: 4. Mose 9,15–23

3. Mittwoch **Ich will euch ein neues Herz und einen neuen Geist in euch geben.** *Hesekiel 36,26*

Liebt eure Feinde und bittet für die, die euch verfolgen, auf dass ihr Kinder seid eures Vaters im Himmel. *Matthäus 5,44–45*

Dich, den Gott, der sich im Evangelium Jesu Christi offenbart, bitten wir für Menschen in ihrer Verblendung. Lass Böse die Güte entdecken. Lass Lügner sich an der Wahrheit freuen. Lass Nörgler die Schönheit der Schöpfung sehen. Gib allen, die deine Botschaft weitersagen, das rechte Wort zur richtigen Zeit. Lass deine Gemeinde sich auf die Kraft deines Geistes besinnen.

Manfred Josuttis

Kl: Johannes 8,3–11 :: Bl: 4. Mose 10,11–36

4. Donnerstag **Von Gott werde dir geholfen, und von dem Allmächtigen seist du gesegnet.** *1. Mose 49,25*

Das Evangelium ist eine Kraft Gottes, die selig macht alle, die glauben. *Römer 1,16*

Komm, Herr, segne uns, dass wir uns nicht trennen, sondern überall uns zu dir bekennen. Nie sind wir allein, stets sind wir die Deinen. Lachen oder Weinen wird gesegnet sein. 170,1 Dieter Trautwein

Kl: 1. Petrus 5,1–5 :: Bl: 4. Mose 11,1–23

Ökumenischer Tag der Schöpfung

5. Freitag **Nimm ja nicht von meinem Munde das Wort der Wahrheit.** *Psalm 119,43*

Sie haben Gottes Wahrheit in Lüge verkehrt und das Geschöpf verehrt und ihm gedient statt dem Schöpfer, der gelobt ist in Ewigkeit. *Römer 1,25*

Wunderbar sind Gottes Werke auf dem weiten Erdenrund. Auch der Mensch mit Leib und Seele macht des Höchsten Weisheit kund. Sein Entstehn im Mutterleibe, warm und dunkel eingehüllt, ist ein stilles, stetes Wachsen, vom Geheimnis tief erfüllt. Doch das Wunder aller Wunder: Gott hat sich uns zugewandt. In dem Retter, den er sandte, machte er sich uns bekannt. Ihm zur Ehre lasst uns leben, dankbar und mit wachem Geist. Wir sind nicht für uns erschaffen, sind ein Brief, der auf ihn weist. Marie Hüsing

Kl: Lukas 22,54–62 :: Bl: 4. Mose 11,24–35

6. Samstag Gott spricht: **Ich will für Israel wie der Tau sein, dass es blüht wie eine Lilie.** *Hosea 14,6*

Jesus spricht: **Darum sollt ihr nicht sorgen und sagen: Was werden wir essen? Was werden wir trinken? Womit werden wir uns kleiden? Denn euer himmlischer Vater weiß, dass ihr all dessen bedürft.** *Matthäus 6,31.32*

Aller Augen sind erhoben, Herr, auf dich zu jeder Stund, dass du Speise gibst von oben und versorgest jeden Mund. Und du öffnest deine Hände, dein Vermögen wird nicht matt, deine Hilfe, Gab und Spende machet alle froh und satt. 512,2 Heinrich Puchta

Kl: Markus 7,24–30 :: Bl: 4. Mose 12,1–16

12. SONNTAG NACH TRINITATIS

Das geknickte Rohr wird er nicht zerbrechen, und den glimmenden Docht wird er nicht auslöschen.

Jesaja 42,3a

Wochenlied: 289
Ev: Markus 7,31–37 :: Ep: Apostelgeschichte 9,1–20
AT: Jesaja 29,17–24 :: Pr: Apostelgeschichte 3,1–10
Bl: Psalm 119,57–64

7. Sonntag **Ich will dem HERRN sehr danken mit meinem Munde und ihn rühmen in der Menge.**

Psalm 109,30

Jesus legte die Hände auf die verkrümmte Frau; und sogleich richtete sie sich auf und pries Gott.

Lukas 13,13

Gott, dir sei Dank für dein gewisses Ja, das zu mir sprach, als ich nur Dunkel sah. In Freud und Leid warst du mir immer nah. Halleluja! BG 895,3 Walter Klaiber

8. Montag **Gott sende seine Güte und Treue.**

Psalm 57,4

Die Frucht des Geistes ist Liebe, Freude, Frieden, Geduld, Güte, Rechtschaffenheit, Treue, Sanftmut, Selbstbeherrschung. *Galater 5,22–23*

Wäre ich so bereit und fände Gott soweit Raum in mir wie in unserem Herrn Jesus Christus, er würde mich ebenso mit seiner Flut erfüllen. Denn der Heilige Geist kann sich nicht enthalten, in all das zu fließen, wo er Raum findet, und soweit, wie er Raum findet. Meister Eckhart

Kl: Matthäus 9,27–34 :: Bl: 4. Mose 13,1–3.17–33

9. Dienstag **Es hat dem Herrn gefallen, euch zu seinem Volk zu machen.** *1. Samuel 12,22*

Die Apostel priesen Gott und sprachen: Nun hat Gott also auch den anderen Völkern die Umkehr zum Leben gewährt. *Apostelgeschichte 11,18*

Ich bin gewiss, dass du auch mich zu deinem Volk gezählet, mit deinem Herzen ewiglich verbunden und vermählet und, wenn du bei dem Vater stehst, auch mit für meine Seele flehst. BG 504,3 Nikolaus Ludwig von Zinzendorf

Kl: Markus 3,1–10(11.12) :: Bl: 4. Mose 14,1–25

10. Mittwoch **Unser Gott, du großer Gott, mächtig und schrecklich, der du Bund und Treue hältst, achte nicht gering all das Elend, das uns getroffen hat.** *Nehemia 9,32*

Ich bin gewiss, dass weder Tod noch Leben, weder Engel noch Mächte noch Gewalten, weder Gegenwärtiges noch Zukünftiges, weder Hohes noch Tiefes noch irgendeine andere Kreatur uns scheiden kann von der Liebe Gottes, die in Christus Jesus ist, unserm Herrn. *Römer 8,38–39*

Gott, mein Gott, weil du mein bist, fehlt mir nichts. Und weil ich dein bin, werde ich mich ewig in dir, Gott, meinem Heil, rühmen. In all meiner Trübsal bereitest du mir zu Ehren Gastmahle in dir. Und wo geht es meiner Seele gut, wenn nicht in dir, o Gott meines Lebens? Wenn schon in diesem Elend das Gedenken an deinen Lobpreis so beglückend ist, was wird dann sein, mein Gott, wenn im Glanz deiner Gottheit deine Herrlichkeit erscheinen wird? Gertrud von Helfta

Kl: Johannes 4,46–54 :: Bl: 4. Mose 14,26–38

11. Donnerstag **Ich bin der Herr. Was ich rede, das soll geschehen und sich nicht lange hinausziehen.**

Hesekiel 12,25

Da nun die Schrift voraussah, dass Gott die Völker aus Glauben gerecht machen würde, hat sie dem Abraham das Evangelium im Voraus verkündigt: In dir werden alle Völker gesegnet werden. *Galater 3,8*

Jetzt hat er sein Erbarmen an Israel vollbracht, sein Volk mit mächtgen Armen gehoben aus der Nacht. Der uns das Heil verheißen, hat eingelöst sein Wort. Drum werden ihn lobpreisen die Völker fort und fort.

BG 130,3 Maria Luise Thurmair

Kl: Lukas 8,1–3 :: Bl: 4. Mose 14,39–45

12. Freitag **Fürchte dich nicht vor plötzlichem Schrecken; denn der Herr ist deine Zuversicht.**

Sprüche 3,25.26

Als die Jünger Jesus auf dem See gehen sahen, erschraken sie, weil sie meinten, es sei ein Gespenst, und sie schrien vor Angst. Sogleich aber redete Jesus mit ihnen: Seid getrost, ich bin es. Fürchtet euch nicht! *Matthäus 14,26–27*

Nun weiß und glaub ich feste, ich rühm's auch ohne Scheu, dass Gott, der Höchst und Beste, mein Freund und Vater sei und dass in allen Fällen er mir zur Rechten steh und dämpfe Sturm und Wellen und was mir bringet Weh.

351,2 Paul Gerhardt

Kl: Matthäus 12,15–21 :: Bl: 4. Mose 17,16–26

13. Samstag **Auf Gott hoffe ich und fürchte mich nicht; was können mir Menschen tun?** *Psalm 56,12*

So hatte nun die Gemeinde Frieden in ganz Judäa und Galiläa und Samarien und baute sich auf und lebte in der Furcht des Herrn und mehrte sich unter dem Beistand des Heiligen Geistes.

Apostelgeschichte 9,31

Wir beten für die verfolgten Christen, dass du ihnen Mut, Kraft und Weisheit schenkst, um in ihrer Notlage standhaft zu bleiben. Wir bitten dich, dass du ihnen Trost und Frieden schenkst, damit sie inmitten ihrer Verfolgung Zuversicht und Hoffnung haben. Wir bitten dich auch um deine Gnade für ihre Verfolger, dass ihre Herzen von Hass und Gewalt befreit werden und dass sie zu dir umkehren und dein Heil erfahren. *

Kl: Apostelgeschichte 9,31–35 :: Bl: 4. Mose 20,1–13

---

13. SONNTAG NACH TRINITATIS

Christus spricht: Was ihr getan habt einem von diesen meinen geringsten Brüdern, das habt ihr mir getan.

Matthäus 25,40b

Wochenlied: 412
Ev: Lukas 10,25–37 :: Ep: 1. Johannes 4,7–12
AT: 3. Mose 19,1–3.13–18.33–34 :: Pr: Markus 3,31–35
Bl: Psalm 119,65–72

---

14. Sonntag **Ich will mich freuen des Herrn und fröhlich sein in Gott, meinem Heil.** *Habakuk 3,18*

Als der Sohn noch weit entfernt war, sah ihn sein Vater und es jammerte ihn, und er lief und fiel ihm um den Hals und küsste ihn. *Lukas 15,20*

Behalte mich in deiner Liebe, so wie du willst, dass andere bleiben in der meinen. Möchte sich alles in diesem meinem Wesen zu deiner Ehre wenden, und möchte ich nie verzweifeln. Denn ich bin unter deiner Hand, und alle Kraft und Güte sind in dir. Dag Hammarskjöld

15. Montag Der Herr sprach zu Mose: **Ich will ihnen einen Propheten, wie du bist, erwecken aus ihren Brüdern und meine Worte in seinen Mund geben.**
5. Mose 18,18

Und viele, die zuhörten, verwunderten sich und sprachen: Ist der nicht der Zimmermann? *Markus 6,2.3*

Weil du die Krone göttlicher Herrlichkeit dir nicht genommen, weil du erwählt hast, arm und geschmäht zu sein, weiß ich, wer Gott ist.
BG 352,1 Olov Hartmann/Jürgen Henkys
Kl: Matthäus 6,1–4 :: Bl: 4. Mose 20,22–29

16. Dienstag **Die Himmel erzählen die Ehre Gottes.**
Psalm 19,2

Preist Gott mit eurem Leibe. *1. Korinther 6,20*

Mein Auge sieht, wohin es blickt, die Wunder deiner Werke; der Himmel, prächtig ausgeschmückt, preist dich, du Gott der Stärke. Wer hat die Sonn an ihm erhöht? Wer kleidet sie mit Majestät? Wer ruft dem Heer der Sterne? Der Mensch, ein Leib, den deine Hand so wunderbar bereitet, der Mensch, ein Geist, den sein Verstand dich zu erkennen leitet: der Mensch, der Schöpfung Ruhm und Preis, ist sich ein täglicher Beweis von deiner Güt und Größe.

506,2.5 Christian Fürchtegott Gellert

Kl: Amos 5,4–15 :: Bl: 4. Mose 21,4–9

17. Mittwoch Jeremia sprach: **Ich dachte: Ich will seiner nicht mehr gedenken und nicht mehr in seinem Namen predigen. Aber es ward in meinem Herzen wie ein brennendes Feuer.** *Jeremia 20,9*

Betet zugleich auch für uns, auf dass Gott uns eine Tür für das Wort auftue und wir vom Geheimnis Christi reden können, um dessentwillen ich auch in Fesseln bin, auf dass ich es so offenbar mache, wie ich es soll. *Kolosser 4,3–4*

Schenke jedem Mut und Glauben, einen dir ergebnen Sinn; will der Feind uns etwas rauben, gib uns durch dein Blut Gewinn. Löse jedes, das gebunden, und was frei ist, rüste aus mit den Kräften deiner Wunden zu dem Dienst an deinem Haus.

BG 544,2 Esther Grünbeck

Kl: 5. Mose 24,(10–15)17–22 :: Bl: 4. Mose 21,21–35

18. Donnerstag Der HERR spricht: **Warum zählt ihr Geld dar für das, was kein Brot ist, und euren sauren Verdienst für das, was nicht satt macht? Hört doch auf mich, so werdet ihr Gutes essen.**

Jesaja 55,2

Jesus sprach: **Diese Witwe hat von ihrer Armut ihre ganze Habe eingelegt, alles, was sie zum Leben hatte.**

Markus 12,44

Wer Gott folgt, riskiert seine Träume, setzt eigene Pläne aufs Spiel. Auch als Verlierer kommt ihr nicht zu kurz. Gott bringt euch an sein gutes Ziel.

Theo Lehmann/Jörg Swoboda

Kl: 2. Korinther 8,10–17 :: Bl: 4. Mose 22,1–20

19. Freitag **Was vom Hause Juda errettet und übrig geblieben ist, wird von Neuem nach unten Wurzeln schlagen und oben Frucht tragen.** *2. Könige 19,30*

Jesus spricht: **Bleibt in mir und ich in euch. Wie die Rebe keine Frucht bringen kann aus sich selbst, wenn sie nicht am Weinstock bleibt, so auch ihr nicht, wenn ihr nicht an mir bleibt.** *Johannes 15,4*

Spüren, was uns fehlt, leiden, was uns ängstet, sehen, was uns trennt, wachen und beten. Wissen, was wir tun, finden, was wir brauchen, werden, was wir sind, aufstehn und leben! Teilen, was uns stärkt, träumen, was noch aussteht, fragen: Wo ist Gott? Umkehr'n und leben! Rüdiger Breer

Kl: Jakobus 2,5–13 :: Bl: 4. Mose 22,21–41

20. Samstag **Lehre mich tun nach deinem Wohlgefallen, denn du bist mein Gott; dein guter Geist führe mich auf ebner Bahn.** *Psalm 143,10*

Alle, die sich vom Geist Gottes führen lassen, die sind Gottes Söhne und Töchter. *Römer 8,14*

Der Heilige Geist schafft Glauben! Er füllt dich nicht mit Licht, das alle Dunkelheit vertreibt, und legt nicht eine Kraft in dich, die dich zum Helden macht; aber er lehrt dich, die Hand Jesu fassen in der festen Zuversicht: du bist mein Hirte; und er lehrt dich, den Weg Jesu gehen in der Gewissheit: das ist Gottes Weg. Adolf Schlatter

Kl: Judas 1.2.20–25 :: Bl: 4. Mose 23,1–12

---

14. SONNTAG NACH TRINITATIS

Lobe den HERRN, meine Seele, und vergiss nicht, was er dir Gutes getan hat. *Psalm 103,2*

Wochenlied: 333

Ev: Lukas 17,11–19 :: Ep: Römer 8,14–17

Pr/AT: 1. Mose 28,10–19a(19b–22) :: Bl: Psalm 20

---

21. Sonntag Rut sprach: **Bedränge mich nicht, dass ich dich verlassen und von dir umkehren sollte. Wo du hingehst, da will ich auch hingehen; wo du bleibst, da bleibe ich auch. Dein Volk ist mein Volk, und dein Gott ist mein Gott.** *Rut 1,16*

Boas zeugte Obed; die Mutter war Rut. Obed zeugte Isai. Isai zeugte den König David. Jakob zeugte Josef, den Mann von Maria. Sie wurde die Mutter von Jesus, der Christus genannt wird.

Matthäus 1,5.6.16

Was der alten Väter Schar höchster Wunsch und Sehnen war, was die Seher prophezeit, ist erfüllt in Herrlichkeit. Zions Hilf und Abrams Lohn, Jakobs Heil und Davids Sohn, Wunderbar, Rat, Kraft und Held hat sich treulich eingestellt. Heinrich Held

22. Montag **Was der Herr tut, das ist herrlich und prächtig, und seine Gerechtigkeit bleibt ewiglich.**
Psalm 111,3

Ich habe nicht meine eigene Gerechtigkeit, die aus dem Gesetz kommt, sondern jene Gerechtigkeit durch den Glauben an Christus, die aus Gott kommt aufgrund des Glaubens. *Philipper 3,9*

Sing heut und freu dich, Christenheit, lob Gott mit großer Innigkeit, weil dir dein Heiland ist gesandt, der Jesus Christus ist genannt. So nimm ihn auch mit Freuden an, tritt frohgemut auf seine Bahn, wirf alle dein Gerechtigkeit zu Füßen seiner Heiligkeit.
BG 204,1.3 Böhmische Brüder

Kl: 5. Mose 26,1–11 :: Bl: 4. Mose 23,13–30

23. Dienstag **Ich will euch von all eurer Unreinheit erlösen.** *Hesekiel 36,29*

Gott hat uns nicht zur Unsittlichkeit berufen, sondern zu einem Leben in Heiligkeit.
1. Thessalonicher 4,7

Sich keinen Fehler gestatten, sich keinen Fehler verzeihen, ist weit schlimmer, als Fehler haben und mit Fehlern leben. Sich keinen Fehler gestatten, macht unbarmherzig und gestattet selbst Gott nicht die Freude, barmherzig zu sein. Gabriele Miller

Kl: Galater 5,22–26 :: Bl: 4. Mose 24,1–25

24. Mittwoch **Hilf du uns, Gott, unser Helfer, um deines Namens Ehre willen! Errette uns und vergib uns unsre Sünden um deines Namens willen!**

Psalm 79,9

In seinem Namen wird allen Völkern Umkehr verkündigt werden zur Vergebung der Sünden.

Lukas 24,47

Wem die Last der Sünde ward abgenommen, über den wird Gottes Art mächtig kommen, dass er gerne auch vergibt denen, die ihn betrüben; denn wer von dem Herrn geliebt, kann die Menschen lieben.

Kurt Müller-Osten

Kl: Philemon 1–16(17–22) :: Bl: 4. Mose 27,12–23

25. Donnerstag **Siehe: Der die Berge gemacht und den Wind geschaffen hat, der dem Menschen sagt, was er im Sinne hat – er heißt »Herr, Gott Zebaoth«.**

Amos 4,13

Halleluja! König geworden ist der Herr, unser Gott, der Herrscher über das All. *Offenbarung 19,6*

Dieser hat Himmel, Meer und die Erden und was darinnen ist gemacht; alles muss pünktlich erfüllet werden, was er uns einmal zugedacht. Er ist's, der Herrscher aller Welt, welcher uns ewig Treue hält. Halleluja, Halleluja. 303,4 Johann Daniel Herrnschmidt

Kl: 1. Chronik 29,9–18 :: Bl: Lukas 13,18–21

26. Freitag **Viele sagen von mir: Er hat keine Hilfe bei Gott. Aber du, HERR, bist der Schild für mich, du bist meine Ehre und hebst mein Haupt empor.**

Psalm 3,3–4

Einer aber unter den zehn aussätzigen Männern, als er sah, dass er gesund geworden war, kehrte er um und pries Gott mit lauter Stimme. *Lukas 17,15*

Hat schwere Sorge mich bedrängt, ward deine Treue mir verheißen. Den Strauchelnden hast du gelenkt und wirst ihn stets vom Abgrund reißen. Wenn immer ich den Weg nicht sah: Dein Wort wies ihn. Das Ziel war nah. Jochen Klepper

Kl: Johannes 13,31–35 :: Bl: Lukas 13,22–30

27. Samstag **Fürchtet euch nur nicht und stärkt eure Hände!** *Sacharja 8,13*

Jesus spricht: **In der Welt habt ihr Angst; aber seid getrost, ich habe die Welt überwunden.** *Johannes 16,33*

Darauf so sprech ich Amen und zweifle nicht daran, Gott wird es alls zusammen in Gnaden sehen an, und streck nun aus mein Hand, greif an das Werk mit Freuden, dazu mich Gott beschieden in meim Beruf und Stand. 443,7 Georg Niege

Kl: 2. Thessalonicher 2,13–17 :: Bl: Lukas 13,31–35

15. SONNTAG NACH TRINITATIS

Alle eure Sorge werft auf ihn; denn er sorgt für euch.
1. Petrus 5,7

Wochenlied: 369 oder 427
Ev: Matthäus 6,25–34 :: Pr/Ep: 1. Petrus 5,5b–11
AT: 1. Mose 2,4b–9(10–14)15(18–25) :: Bl: Psalm 46

28. Sonntag **Der HERR behütet die Fremdlinge und erhält Waisen und Witwen.** *Psalm 146,9*

Vergesst die Gastfreundschaft nicht. Denn auf diese Weise haben manche, ohne es zu wissen, Engel als Gäste aufgenommen. *Hebräer 13,2*

Für alle Kinder, die kein Bett zum Schlafen haben, die nicht genug zu essen bekommen, die nicht so viel Hilfe und Fürsorge bekommen wie wir, für alle Kinder, die nicht ihre eigene ruhige Ecke haben und kein Spielzeug, für alle Kinder, die ihre Heimat verlassen müssen, ihren Vater und ihre Mutter. Für alle die bete ich: Gott beschütze sie! Schicke jemand zu ihrer Rettung, und lass sie ein Zuhause bekommen.

Kindergebet aus Schweden

MICHAELISTAG

Der Engel des HERRN lagert sich um die her, die ihn fürchten, und hilft ihnen heraus. *Psalm 34,8*

Lied: 142 oder 331
Pr/Ev: Lukas 10,17–20 :: Ep: Offenbarung 12,7–12
AT: 1. Mose 21,8–21 :: Bl: Lukas 14,1–6

29. Montag **Ich bin dein, hilf mir.** *Psalm 119,94*

Plötzlich stand da der Engel des Herrn, und die ganze Zelle war von strahlendem Licht erfüllt. Der Engel weckte Petrus durch einen Stoß in die Seite und sagte: Schnell, steh auf! Da fielen Petrus die Ketten von den Händen. *Apostelgeschichte 12,7*

Engel sind Wogen des Willens Gottes. Sie sind der Atem des Vaters, der Goldgrund um die Gestalt des Menschensohns. Sie sind die Gefährten des Heiligen Geistes.

Hanna und Walter Hümmer

30. Dienstag **Mache dich auf, hilf uns und erlöse uns um deiner Güte willen!** *Psalm 44,27*

Der Gott aller Gnade aber, der euch berufen hat zu seiner ewigen Herrlichkeit in Christus, der wird euch, die ihr eine kleine Zeit leidet, aufrichten, stärken, kräftigen, gründen. *1. Petrus 5,10*

Wenn sich vor meinen Augen alles drehte, dann war dein Wort ein fester Halt für mich. Du hörtest mich, wenn ich um Hilfe flehte, und Wege aus der Angst fand ich durch dich. Du trugst mich auch, wenn Traurigkeit mich drückte, und wischtest mir die Tränen vom Gesicht. Du warst mein Trost, wenn mir kein Schritt mehr glückte. In meiner Nacht erkannte ich dein Licht.

Theo Lehmann/Jörg Swoboda

Kl: 1. Mose 16,6b–14 :: Bl: Lukas 14,7–14

OKTOBER

Monatsspruch: Jesus Christus spricht: Das Reich Gottes ist mitten unter euch. *Lukas 17,21*

1. Mittwoch **Der Herr erweckte den Geist des Volkes, dass sie kamen und arbeiteten am Hause des Herrn Zebaoth, ihres Gottes.** *Haggai 1,14*

Jesus spricht: **Ich kenne deine Werke und deine Mühsal und deine Geduld.** *Offenbarung 2,2*

Nicht an der Menge unserer Arbeit hat Gott Freude, sondern an der Liebe, mit der wir arbeiten.

Franz von Sales

Kl: Josua 5,13–15 :: Bl: Lukas 14,15–24

2. Donnerstag **Kommt her und sehet an die Werke Gottes, der so wunderbar ist in seinem Tun an den Menschenkindern.** *Psalm 66,5*

Jesus sprach zu dem Hauptmann: Geh hin; dir geschehe, wie du geglaubt hast. Und sein Knecht wurde gesund zu derselben Stunde. *Matthäus 8,13*

Die ihr arm seid und elende, kommt herbei, füllet frei eures Glaubens Hände. Hier sind alle guten Gaben und das Gold, da ihr sollt euer Herz mit laben.

36,9 Paul Gerhardt

Kl: Matthäus 18,10–14 :: Bl: Lukas 14,25–35

3. Freitag **Wer glaubt dem, was uns verkündet wurde, und an wem ist der Arm des HERRN offenbart?**
Jesaja 53,1

Maria Magdalena geht und verkündigt den Jüngern: Ich habe den Herrn gesehen, und was er zu ihr gesagt habe. *Johannes 20,18*

Wach auf, wach auf, du unser Land! Du hast genug geschlafen. Bedenk, was Gott an dich gewandt, wozu er dich erschaffen. Bedenk, was Gott dir hat gesandt und dir vertraut sein höchstes Pfand, drum magst du wohl aufwachen. 145,1 Johann Walter

Kl: Apostelgeschichte 12,1–11 :: Bl: Lukas 15,1–10

4. Samstag Salomo betete: **Du hast deinem Knecht, meinem Vater David, gehalten, was du ihm zugesagt hast. Mit deinem Mund hast du es geredet, und mit deiner Hand hast du es erfüllt, wie es offenbar ist an diesem Tage.** *1. Könige 8,24*

Treu ist er, der euch ruft. *1. Thessalonicher 5,24*

Hier hast du Leib und Seel und Geist, nun forme etwas draus, das dich nach allen Würden preist; es sei dein Tempelhaus. BG 423,4 Nikolaus Ludwig von Zinzendorf/ Christian Gregor

Kl: Apostelgeschichte 27,16–25 :: Bl: Lukas 15,11–32

ERNTEDANKFEST

Aller Augen warten auf dich, und du gibst ihnen ihre Speise zur rechten Zeit. *Psalm 145,15*

Lied: 502 :: Ev: Markus 8,1–9 :: Ep: 2. Korinther 9,6–15
AT: 5. Mose 8,7–18 :: Pr: Jesaja 58,7–12 :: Bl: Psalm 104

5. Sonntag **Es sei Gutes oder Schlechtes – auf die Stimme des Herrn, unseres Gottes, werden wir hören.** *Jeremia 42,6*

Jesus aber antwortete den Jüngern: Gebt ihr ihnen zu essen! *Markus 6,37*

Hilf, dass wir dies Gut der Erden treu verwalten immerfort. Alles soll geheiligt werden durch Gebet und Gottes Wort. Alles, was wir Gutes wirken, ist gesät in deinen Schoß, und du wirst die Ernte senden unaussprechlich reich und groß. 512,6 Heinrich Puchta

6. Montag **Ich glaube aber doch, dass ich sehen werde die Güte des Herrn im Lande der Lebendigen.** *Psalm 27,13*

Das Gebet des Glaubens wird dem Kranken helfen, und der Herr wird ihn aufrichten; und wenn er Sünden getan hat, wird ihm vergeben werden. *Jakobus 5,15*

Guter Herr, die Krankheit hat sich zwischen dich und mich gedrängt. Mir ist die Sicht versperrt auf die von dir geschenkte Zukunft. Öffne mir die Augen des Herzens, dass ich auf meiner Wüstenwanderung die saftigen Weiden sehen kann, die hinter meinem begrenzten Horizont liegen. Und hilf mir, getrost und zuversichtlich weiter zu wandern, in der Gewissheit, dass du bei mir bist und mit mir gehst. Karl Görner

Kl: Römer 6,19–23 :: Bl: Lukas 16,1–13

7. Dienstag **Ich erkenne, Herr, dass du alles vermagst, und nichts, das du dir vorgenommen, ist dir zu schwer.** *Hiob 42,2*

Bei Gott ist kein Ding unmöglich. *Lukas 1,37*

Herr, ich möchte mich festhalten an deinem Wort, aber meine Hände sind kraftlos geworden. Jetzt muss dein Wort mich festhalten. Sabine Naegeli

Kl: Jesaja 38,9–20 :: Bl: Lukas 16,14–18

8. Mittwoch **Das Verlangen der Elenden hörst du, HERR; du machst ihr Herz gewiss.** *Psalm 10,17*

Und als Jesus an die Stelle kam, sah er auf und sprach zu ihm: Zachäus, steig eilend herunter; denn ich muss heute in deinem Haus einkehren. Und er stieg eilend herunter und nahm ihn auf mit Freuden. *Lukas 19,5–6*

O Herr, in deinen Armen bin ich sicher. Wenn du mich hältst, habe ich nichts zu fürchten. Ich weiß nichts von der Zukunft, aber ich vertraue auf dich.

Franz von Assisi

Kl: Markus 5,21–24.35–43 :: Bl: Lukas 16,19–31

9. Donnerstag Der HERR sprach zu Abram: **In dir sollen gesegnet werden alle Geschlechter auf Erden.**

1. Mose 12,1.3

Alle, die aus Glauben leben, werden zusammen mit dem glaubenden Abraham Segen empfangen.

Galater 3,9

Lobe den Herren, was in mir ist, lobe den Namen. Alles, was Odem hat, lobe mit Abrahams Samen. Er ist dein Licht, Seele, vergiss es ja nicht. Lobende, schließe mit Amen!

317,5 Joachim Neander

Kl: Philipper 1,18b–26 :: Bl: Lukas 17,1–10

10. Freitag **Ich hatte dich gepflanzt als einen edlen Weinstock, ein ganz echtes Gewächs. Wie bist du mir denn geworden zu einem schlechten, wilden Weinstock?** *Jeremia 2,21*

Gott hat das Volk, das er von Anfang an erwählt hatte, nicht verstoßen. *Römer 11,2*

Treuer Gott, aus den Völkern der Welt hast du dir Israel erwählt. An seiner rätselhaften und leidvollen Geschichte hast du gezeigt, dass du es nicht loslässt. Auf deine Verheißungen können wir vertrauen. Öffne die Augen für dein Tun allen, die deine Herrlichkeit bezeugen sollen, Juden und Christen.

Kl: Offenbarung 2,8–11 :: Bl: Lukas 17,11–19

11. Samstag **HERR, unser Herrscher, wie herrlich ist dein Name in allen Landen.** *Psalm 8,2*

Jesus spricht: **Ihr werdet meine Zeugen sein in Jerusalem und in ganz Judäa und Samarien und bis an das Ende der Erde.** *Apostelgeschichte 1,8*

Was nur kann, stimme an: Gottes Name werd erhöht. Lasst euer Loblied wandern von einem Tag zum andern, die Menschen ohn Aufhören von seinem Heil zu lehren. Alle Werke seiner Stärke sagt den Heiden, singt mit Freuden, die ihr seine Wunder seht.

BG 1036,2 Johann Daniel Herrnschmidt/ Günter Balders

Kl: Römer 4,18–25 :: Bl: Lukas 17,20–37

17. SONNTAG NACH TRINITATIS

Unser Glaube ist der Sieg, der die Welt überwunden hat. *1. Johannes 5,4c*

Wochenlied: 346

Ev: Matthäus 15,21–28 :: Ep: Römer 10,9–17(18)

AT: Jesaja 49,1–6 :: Pr: Josua 2,1–21 :: Bl: Psalm 5

12. Sonntag **Seine Macht ist ewig und vergeht nicht, und sein Reich hat kein Ende.** *Daniel 7,14*

Jesus Christus ist derselbe gestern, heute und in Ewigkeit. *Hebräer 13,8*

Welt ist nicht nur, was Menschenaugen sehn, und Ordnung mehr, als wir davon verstehn. Anfang und Ziel – dir, Einziger, gehört's, denn größer bist du, Gott, als unser Herz. BG 53,2 Joachim Vobbe

13. Montag **So spricht der Herr: Dein Schaden ist verzweifelt böse, und deine Wunden sind unheilbar. Doch ich will dich wieder gesund machen und deine Wunden heilen.** *Jeremia 30,12.17*

Ihr wisst: Jesus Christus ist gekommen, um die Sünden wegzunehmen. Er selbst ist ohne Sünde. *1. Johannes 3,5–6*

Fürwahr, er trug unsre Krankheit, fürwahr, er trug unsre Schmerzen. Geschlagen, doch ohne Sünde, misshandelt, doch ohne Schuld. Verraten, verlassen, verurteilt, durchbohrt, ein Lamm auf der Schlachtbank: gekreuzigter Gott.
BG 264,2 Eugen Eckert

Kl: Hebräer 11,1–7 :: Bl: Lukas 18,1–8

14. Dienstag **Du hast meine Seele vom Tode errettet, mein Auge von den Tränen, meinen Fuß vom Gleiten.** *Psalm 116,8*

Eine Frau hatte den Blutfluss seit zwölf Jahren; die hatte alles, was sie zum Leben hatte, für die Ärzte aufgewandt und konnte von niemandem geheilt werden. Die trat von hinten heran und berührte den Saum seines Gewandes; und sogleich hörte ihr Blutfluss auf. *Lukas 8,43–44*

Du bist der Hirt, der Schwache trägt; trag mich in deinen Armen. Du bist der Arzt, der Kranke pflegt; komm zu mir mit Erbarmen. Ich bin in Wahrheit schwach und krank; komm, reich mir deinen Lebenstrank, erquicke mich mit Segen. BG 939 Joachim Neander

Kl: 1. Mose 15,1–6 :: Bl: Lukas 18,9–17

15. Mittwoch **Ihr sollt in Freuden ausziehen und im Frieden geleitet werden.** *Jesaja 55,12*

Die 72 Jünger kehrten zurück und berichteten voller Freude: Herr, sogar die Dämonen gehorchen uns, wenn wir uns auf deinen Namen berufen. Jesus sagte zu ihnen: Ihr sollt euch nicht darüber freuen, dass euch die Geister gehorchen. Freut euch vielmehr darüber, dass eure Namen im Himmel aufgeschrieben sind. *Lukas 10,17.18.20*

Bau dein Reich in dieser Zeit, setz auch uns zu seinen Zeichen. Bau es für die Ewigkeit, lass uns, bis wir sie erreichen, fröhlich deinen Namen tragen und auf ihn das Leben wagen. Detlev Block

Kl: Lukas 7,1–10 :: Bl: Lukas 18,18–30

16. Donnerstag **Fürchte dich nicht, denn ich bin mit dir und will dich segnen.** *1. Mose 26,24*

Gelobt sei Gott, der Vater unseres Herrn Jesus Christus, der uns gesegnet hat mit allem geistlichen Segen im Himmel durch Christus. *Epheser 1,3*

Lass mich in neue Tage gehn, getrost, was ich auch wag. Lass meine Seele auf dich sehn, schaun deines Heilands Rat, der meine Tage segnen wird, wie's deiner Ehr gebührt, der seine Lieb ins Herz mir gibt und wahrlich treu mich führt. Artur Müller

Kl: Apostelgeschichte 5,34–42 :: Bl: Hesekiel 1,1–21

17. Freitag **Ich lasse dich nicht, du segnest mich denn.** *1. Mose 32,27*

Da wurden Kinder zu Jesus gebracht, dass er die Hände auf sie legte und betete. *Matthäus 19,13*

Herr, wir danken dir für unsere Kinder. Wir wollen ihnen helfen, den Glauben an dich zu finden. Lass uns Geduld haben, wenn sie uns Sorgen machen. Lass sie von Tag zu Tag mehr lernen, ihr Leben selbst in die Hand zu nehmen. Halte deine schützende Hand über unsere ganze Familie. *

Kl: Hebräer 12,1–3 :: Bl: Hesekiel 1,22–28

18. Samstag **Bei dir, Herr, unser Gott, ist Barmherzigkeit und Vergebung.** *Daniel 9,9*

In Jesus Christus haben wir die Erlösung durch sein Blut, die Vergebung der Sünden, nach dem Reichtum seiner Gnade. *Epheser 1,7*

Er ist barmherzig und sehr gut den Armen und Elenden, die sich von allem Übermut zu seiner Wahrheit wenden; er nimmt sie als ein Vater auf und gibt, dass sie den rechten Lauf zur Seligkeit vollenden.
318,3 Michael Weiße
Kl: Matthäus 14,22–33 :: Bl: Hesekiel 2,1–3,3

18. SONNTAG NACH TRINITATIS

Dies Gebot haben wir von ihm, dass, wer Gott liebt, dass der auch seinen Bruder liebe. *1. Johannes 4,21*
Wochenlied: 414
Ev: Markus 10,17–27 :: Ep: Epheser 5,15–20
AT: 2. Mose 20,1–17 :: Pr: Jakobus 2,14–26
Bl: Psalm 1

19. Sonntag **Gott, schweige doch nicht! Gott, bleib nicht so still und ruhig! Denn siehe, deine Feinde toben, und die dich hassen, erheben das Haupt.**
Psalm 83,2–3

Herr, sollen wir mit dem Schwert dreinschlagen?
Lukas 22,49

Wann immer das Leid und die Last uns zu schwer, dann schenk neuen Mut und sende uns, Herr. Die Botschaft der Gnade, sie gilt Jung und Alt: Wählt Leben und Frieden statt Tod und Gewalt!
BG 92,6 Fred Kaan/Ulrich Meisel

20. Montag **Seine Herrschaft wird sein von einem Meer bis zum andern und bis an die Enden der Erde.**
Sacharja 9,10

Wiederum führte der Teufel Jesus mit sich auf einen sehr hohen Berg und zeigte ihm alle Reiche der Welt und ihre Herrlichkeit und sprach zu ihm: Das alles will ich dir geben, wenn du niederfällst und mich anbetest. Da sprach Jesus zu ihm: Weg mit dir, Satan! *Matthäus 4,8–10*

Dein Reich ist nicht von dieser Erden, doch aller Erde Reiche werden dem, das du gründest, untertan. Bewaffnet mit des Glaubens Worten zieht deine Schar nach allen Orten der Welt hinaus und macht dir Bahn.
14,3 Friedrich Rückert

Kl: 1. Thessalonicher 4,9–12 :: Bl: Hesekiel 3,4–11

21. Dienstag **Abram zog aus, wie der HERR zu ihm gesagt hatte.** *1. Mose 12,4*

So hat Gott auch uns berufen, nicht allein aus den Juden, sondern auch aus den Heiden. *Römer 9,24*

Wir gehn getrost an deiner Hand, Herr Jesu, die uns führet. Wir haben deine Treu erkannt und haben es gespüret: Wenn du uns etwas auferlegst, gibst du auch Kraft zum Tragen, und was du zuzumuten pflegst, das ist getrost zu wagen. BG 555,1 Erdmuth Dorothea von Zinzendorf

Kl: Galater 5,13–18 :: Bl: Hesekiel 3,12–21

22. Mittwoch **So spricht der HERR: Gleichwie ich über dies Volk all dies große Unheil habe kommen lassen, so will ich auch alles Gute über sie kommen lassen, das ich ihnen zugesagt habe.** *Jeremia 32,42*

Unsre Hoffnung steht fest für euch, weil wir wissen: Wie ihr an den Leiden teilhabt, so habt ihr auch am Trost teil. *2. Korinther 1,7*

Wenn du in Angst und Not bist und dein Herz voller Traurigkeit ist, möge Gott dir in einem Menschen begegnen, der dir hilft, deine Wunden heilen zu lassen, und der um Rat und Tröstung weiß.

Christa Spilling-Nöker

Kl: Hoheslied 8,4–7 :: Bl: Hesekiel 3,22–27

23. Donnerstag **Bringt eine Mutter es fertig, ihren Säugling zu vergessen? Hat sie nicht Mitleid mit dem Kind, das sie in ihrem Leib getragen hat? Und selbst wenn sie es vergessen könnte, ich vergesse euch nicht!** *Jesaja 49,15*

Gott ist Liebe. *1. Johannes 4,8*

Lieber Gott, du bist so groß, und ich lieg in deinem Schoß wie im Mutterschoß ein Kind; Liebe deckt und birgt mich lind. 408,5 Arno Pötzsch

Kl: Markus 3,31–35 :: Bl: Hesekiel 7,1–13.27

24. Freitag **Es gibt eine Hoffnung für deine Zukunft, spricht der Herr.** *Jeremia 31,17*

Gott wollte in den kommenden Zeiten den überwältigenden Reichtum seiner Gnade zeigen durch die Güte, die er uns erweist in Christus Jesus. *Epheser 2,7*

Bewahre mir den Glauben, dass mit Christus dein Reich bereits begonnen hat. Nimm mich zu denen, die darauf aus sind, an der Vollendung deiner Herrschaft mitzuwirken. Und zwar schon jetzt. Reihe mich unter die ein, die trotz allen Rückschlägen die Hoffnung behalten: Dein Reich kommt. Hans Roser

Kl: Römer (14,20b–15,1)15,2–6 :: Bl: Hesekiel 8,1–11

25. Samstag **Ihr sollt Brot die Fülle haben und sollt sicher in eurem Lande wohnen.** *3. Mose 26,5*

Gottes Brot ist dasjenige, das vom Himmel herabkommt und der Welt Leben gibt. *Johannes 6,33*

Im Brot und Wein enthüllst du dein Gesicht. In dem, was wir gesät auf unserm Feld, kommt Christus, deine Liebe, in die Welt. Du lässt dein pilgernd Volk verhungern nicht.
BG 53,3 Joachim Vobbe

Kl: Matthäus 5,17–20 :: Bl: Hesekiel 8,12–18

---

19. SONNTAG NACH TRINITATIS

Heile du mich, HERR, so werde ich heil; hilf du mir, so ist mir geholfen. *Jeremia 17,14*

Wochenlied: 324

Ev: Markus 2,1–12 :: Ep: Jakobus 5,13–16
AT: 2. Mose 34,4–10 :: Pr: Johannes 5,1–16 :: Bl: Psalm 32

---

26. Sonntag **Weigere dich nicht, dem Bedürftigen Gutes zu tun, wenn deine Hand es vermag.** *Sprüche 3,27*

Wenn in eure Versammlung ein Mann kommt mit einem goldenen Ring und in herrlicher Kleidung, es kommt aber auch ein Armer in unsauberer Kleidung, und ihr seht auf den, der herrlich gekleidet ist, und sprecht zu ihm: Setz du dich hierher auf den guten Platz!, und sprecht zu dem Armen: Stell du dich dorthin!, oder: Setz dich unten zu meinen Füßen!, macht ihr dann nicht Unterschiede unter euch und urteilt mit bösen Gedanken? *Jakobus 2,2–4*

Wer seines Nächsten Ehre schmäht und gern sie schmähen höret, sich freut, wenn sich sein Feind vergeht, und nichts zum Besten kehret, nicht dem Verleumder widerspricht, der liebt auch seinen Bruder nicht.
412,3 Christian Fürchtegott Gellert

27. Montag **Aller Augen warten auf dich, und du gibst ihnen ihre Speise zur rechten Zeit. Du tust deine Hand auf und sättigst alles, was lebt, mit Wohlgefallen.** *Psalm 145,15–16*

Johannes der Täufer sprach: **Wer zwei Hemden hat, der gebe dem, der keines hat; und wer Speise hat, tue ebenso.** *Lukas 3,11*

Dass wir nicht wissen, wie der Hunger sich anfühlt, und Mangel uns fremd ist, dass wir von Armut verschont sind und Not nur vom Hörensagen kennen – das verdanken wir dir, Gott. Lass uns nicht übermütig werden angesichts unseres Wohlstands, sondern dankbar für allen Reichtum, den du uns schenkst, und demütig gegenüber denen, die nicht so viel haben wie wir.
Eckhard Herrmann

Kl: 2. Mose 15,22–27 :: Bl: Hesekiel 11,14–25

28. Dienstag **Wer zugrunde gehen soll, der wird zuvor stolz; und Hochmut kommt vor dem Fall.** *Sprüche 16,18*

Jesus sprach: Was aus dem Menschen herauskommt, das macht den Menschen unrein. *Markus 7,20*

Lass unsre Liebe ohne Wanken, die Treue lass beständig sein. Halt uns in Worten und Gedanken von Zorn, Betrug und Lüge rein. Lass uns doch füreinander stehn, gib Augen, andrer Last zu sehn. 240,2 Walter Heinecke

Kl: Lukas 5,12–16 :: Bl: Hesekiel 12,1–16

29. Mittwoch Der HERR spricht: **Werdet ihr meiner Stimme gehorchen und meinen Bund halten, so sollt ihr mein Eigentum sein vor allen Völkern; denn die ganze Erde ist mein.** *2. Mose 19,5*

Jesus spricht: **Wenn ihr meine Gebote haltet, bleibt ihr in meiner Liebe, so wie ich meines Vaters Gebote gehalten habe und bleibe in seiner Liebe.** *Joh. 15,10*

Gott, wie dein Nam ist auch dein Ruhm. Du wollst dich so beweisen, dass wir dich als dein Eigentum mit Wort und Wandel preisen. Wir sind von Herzen drauf bedacht, nach deinem Sinn zu handeln; ach hab in Gnaden auf uns Acht, dass wir dir würdig wandeln.
BG 525,2 Anna Nitschmann

Kl: Johannes 9,1–7 :: Bl: Hesekiel 16,1–22

30. Donnerstag **Wende dich, HERR, und errette meine Seele, hilf mir um deiner Güte willen!** *Psalm 6,5*

Gott tröstet uns in aller unserer Bedrängnis, damit wir auch trösten können, die in allerlei Bedrängnis sind, mit dem Trost, mit dem wir selber getröstet werden von Gott. *2. Korinther 1,4*

Wenn alle anderen Hilfen versagen, erkennst du besser, wie wichtig die Liebe Gottes ist. Johnson Gnanabaranam

Kl: Jeremia 17,14–17 :: Bl: Hesekiel 17,1–10

REFORMATIONSTAG

Einen andern Grund kann niemand legen außer dem, der gelegt ist, welcher ist Jesus Christus.

1. Korinther 3,11

Lied: 341 oder 360
Ev: Matthäus 5,1–10(11–12) :: Ep: Römer 3,21–28
Pr/AT: 5. Mose 6,4–9 :: Bl: Hesekiel 17,11–24

31. Freitag **Wie könnt ihr rechten mit mir? Ihr seid alle von mir abgefallen, spricht der Herr.**

Jeremia 2,29

Es ist hier kein Unterschied: Sie sind allesamt Sünder und ermangeln des Ruhmes, den sie vor Gott haben sollen, und werden ohne Verdienst gerecht aus seiner Gnade durch die Erlösung, die durch Christus Jesus geschehen ist. *Römer 3,22–24*

Es ist das Heil uns kommen her von Gnad und lauter Güte; die Werk, die helfen nimmermehr, sie können nicht behüten. Der Glaub sieht Jesus Christus an, der hat für uns genug getan, er ist der Mittler worden.
342,1 Paul Speratus

NOVEMBER

Monatsspruch: Gott spricht: Ich will das Verlorene wieder suchen und das Verirrte zurückbringen und das Verwundete verbinden und das Schwache stärken.

Hesekiel 34,16

1. Samstag **Wenn ich schaue allein auf deine Gebote, so werde ich nicht zuschanden.** *Psalm 119,6*

Jesus spricht: **Das aber auf dem guten Land sind die, die das Wort hören und behalten in einem feinen, guten Herzen und bringen Frucht in Geduld.**

Lukas 8,15

Dass dein Wort in meinem Herzen starke Wurzeln schlägt und dein Geist in meinem Leben gute Früchte trägt, deine Kraft durch mich die Welt zu deinem Ziel bewegt, Herr, du kannst dies Wunder tun.

Theo Lehmann/Jörg Swoboda

Kl: Lukas 13,10–17 :: Bl: Hesekiel 18,1–3.20–32

---

20. SONNTAG NACH TRINITATIS

Es ist dir gesagt, Mensch, was gut ist und was der HERR von dir fordert: nichts als Gottes Wort halten und Liebe üben und demütig sein vor deinem Gott.

Micha 6,8

Wochenlied: 295 oder 408
Ev: Markus 10,2–9(10–12)13–16
Ep: 2. Korinther 3,3–6(7–9)
Pr/AT: 1. Mose 8,18–22; 9,12–17 :: Bl: Psalm 62

2. Sonntag **Es sollen viele Völker sich zum Herrn wenden und sollen mein Volk sein.** *Sacharja 2,15*

Gott wird bei ihnen wohnen, und sie werden seine Völker sein, und er selbst, Gott mit ihnen, wird ihr Gott sein. *Offenbarung 21,3*

Gottes Segen komme zu allen Menschen und bleibe bei ihnen, in jedem Land und in jeder Sprache. Gott komme allen, die ihn suchen, gnädig entgegen. Er tröste alle, die leiden und trauern. Gott eile, zu uns zu kommen. Er segne uns mit dem Segen seines Friedens.
Ökumenischer Rat der Kirchen

3. Montag **Siehe, auch jetzt noch ist mein Zeuge im Himmel, und mein Fürsprecher ist in der Höhe.**
Hiob 16,19

Weil wir denn einen großen Hohenpriester haben, Jesus, den Sohn Gottes, der die Himmel durchschritten hat, so lasst uns festhalten an dem Bekenntnis.
Hebräer 4,14

Ihm ist nichts zu viel und nichts zu wenig, was man braucht, warum man weint. Er ist unser Hirte, Haupt und König, Schöpfer, Bruder, Herr und Freund, Hilf und Rat und Trost und Fried und Freude, Schutz und Habe, Leben, Licht und Weide, Hoherpriester, Opferlamm, unser Gott und Bräutigam. BG 117,2 Christian Gregor

Kl: 2. Thessalonicher 3,6–13 :: Bl: Hesekiel 22,1–16

4. Dienstag **Ich werde wandeln vor dem Herrn im Lande der Lebendigen.** *Psalm 116,9*

Betrachtet euch als solche, die für die Sünde tot, für Gott aber lebendig sind, in Christus Jesus. *Römer 6,11*

Ich lege nun mein ganzes Leben, Leid, Freude, Schmerz, in deine Hand. Ich halte fest, was du gegeben und bleibe dir stets zugewandt. Dass du mich liebst, gibt mir die Kraft, die Böses lässt und Gutes schafft.
BG 593,4 Johann Jakob Rambach

Kl: Römer 13,1–7 :: Bl: Hesekiel 24,1–14

5. Mittwoch **Lasst uns unsere Wege prüfen und erforschen, und lasst uns zurückkehren zum Herrn!**
Klagelieder 3,40

Ich bete darum, dass eure Liebe immer noch reicher werde an Erkenntnis und aller Erfahrung, sodass ihr prüfen könnt, was das Beste sei, damit ihr lauter und unanstößig seid für den Tag Christi. *Philipper 1,9–10*

Ich bitte dich, lass mich nicht bleiben, wie ich bin, sondern ändere mich durch deinen Geist, und segne mich täglich, dass ich mich ändern lasse. Herr, es ist allein deine Kraft, die das vollbringt, aber du brauchst meinen Willen, du brauchst mein Ja dazu. Herr, ich danke dir, dass du selbst dieses Ja in mir schaffst.
Hanna Hümmer

Kl: Epheser 5,25–32 :: Bl: Hesekiel 24,15–27

6. Donnerstag **Um meines Namens willen halte ich meinen Zorn zurück, und um meines Ruhmes willen bezähme ich mich zu deinen Gunsten, dass ich dich nicht ausrotte.** *Jesaja 48,9*

Der Engel sprach zu Josef: **Maria wird einen Sohn gebären, dem sollst du den Namen Jesus geben, denn er wird sein Volk retten von ihren Sünden.**
Matthäus 1,21

Sucht ihr den Freund, den Retter, den Heiland? Er ist da! Der Herr kommt nicht im Wetter, im Kindlein ist er nah. Lobsingt dem Menschgebornen mit aller Himmel Heer! Ja, freut euch, ihr Verlornen, ihr Sünder, zagt nicht mehr!

BG 167 Karl Bernhard Garve

Kl: 1. Korinther 14,26–33 :: Bl: Hesekiel 33,21–33

7. Freitag **Lass deiner sich freuen und fröhlich sein alle, die nach dir fragen.** *Psalm 40,17*

Gelobt sei, der da kommt, der König, in dem Namen des Herrn! Friede sei im Himmel und Ehre in der Höhe! *Lukas 19,38*

O Gott, mein König und mein Herr, hilf, dass dich preist mein Wort und nichts als deines Namen Ehr sucht stets an jedem Ort. Dich lobt in alle Ewigkeit im Himmel und auch hier dein Volk mit Heilgen aller Zeit: Ruhm, Ehre, Liebe dir! Charles Wesley

Kl: Johannes 18,28–32 :: Bl: Hesekiel 34,1–16

8. Samstag **Die Blinden will ich auf dem Wege leiten, den sie nicht wissen; ich will sie führen auf den Steigen, die sie nicht kennen.** *Jesaja 42,16*

Jesus sprach: Ich bin das Licht der Welt. Wer mir nachfolgt, der wird nicht wandeln in der Finsternis, sondern wird das Licht des Lebens haben. *Johannes 8,12*

Treib aus, o Licht, all Finsternis, behüt uns, Herr, vor Ärgernis, vor Blindheit und vor aller Schand und reich uns Tag und Nacht dein Hand, zu wandeln als am lichten Tag, damit, was immer sich zutrag, wir stehn im Glauben bis ans End und bleiben von dir ungetrennt.
440,3–4 Johannes Zwick
Kl: Sprüche 3,1–8 :: Bl: Hesekiel 34,23–31

Beginn der Ökumenischen Friedensdekade

DRITTLETZTER SONNTAG DES KIRCHENJAHRES

Selig sind, die Frieden stiften; denn sie werden Gottes Kinder heißen. *Matthäus 5,9*
Wochenlied: 152 oder 426 :: Ev: Lukas 17,20–24(25–30)
Ep: Römer 8,18–25 :: AT: Micha 4,1–5(7b)
Pr: Lukas 6,27–38 :: Bl: Psalm 69,1–16

9. Sonntag **So hütet euch nun, dass ihr den Bund des HERRN, eures Gottes, nicht vergesst, den er mit euch geschlossen hat, und nicht ein Bildnis macht von irgendeiner Gestalt, wie es der HERR, dein Gott, geboten hat.** *5. Mose 4,23*

Gottes unsichtbares Wesen – das ist seine ewige Kraft und Gottheit – wird seit der Schöpfung der Welt, wenn man es mit Vernunft wahrnimmt, an seinen Werken ersehen. *Römer 1,20*

Liebet die ganze Schöpfung Gottes! Sowohl den ganzen Erdball, wie auch das kleinste Sandkorn. Jedes Blättchen liebet, und jeden Sonnenstrahl! Liebet alle Dinge! Wenn ihr das tut, so werden sich euch in ihnen die Geheimnisse Gottes offenbaren. Fjodor M. Dostojewskij

10. Montag **Warum willst du mit Gott hadern, weil er auf Menschenworte nicht Antwort gibt? Denn auf eine Weise redet Gott und auf eine zweite; nur beachtet man's nicht.** *Hiob 33,13–14*

Wer Ohren hat, der höre, was der Geist den Gemeinden sagt! *Offenbarung 2,7*

Als mein Gebet immer andächtiger und innerlicher wurde, da hatte ich immer weniger und weniger zu sagen. Zuletzt wurde ich ganz still. Ich wurde, was womöglich noch ein größerer Gegensatz zum Reden ist, ich wurde ein Hörer. Ich meinte erst, Beten sei Reden, ich lernte aber, dass Beten nicht bloß Schweigen ist, sondern Hören. So ist es: Beten heißt nicht, sich selbst reden hören. Beten heißt: still werden und stille sein und warten, bis der Betende Gott hört. Sören Kierkegaard

Kl: 1. Mose 33,1–4(5–7)8–11 :: Bl: Hesekiel 36,16–32

11. Dienstag **Fürchte dich nicht und verzage nicht!** *Josua 8,1*

Da berührte Jesus ihre Augen und sprach: Euch geschehe nach eurem Glauben! Und ihre Augen wurden geöffnet. *Matthäus 9,29–30*

Lass unter uns die Hoffnung nicht zu einer verschwommenen Zukunft werden. Hoffnung macht stark. Wir leben doch schon jetzt davon. Du Erhoffter bist schon unter uns. Heinrich Giesen

Kl: Jesaja 57,17–19(20.21) :: Bl: Hesekiel 37,1–14

12. Mittwoch **Ihr sollt richten ohne Ansehen der Person, den Kleinen sollt ihr anhören wie den Großen, und ihr sollt euch vor niemandem fürchten, denn es ist Gottes Gericht.** *5. Mose 1,17*

Wenn ihr aber nach dem Ansehen der Person urteilt, dann begeht ihr eine Sünde und werdet überführt vom Gesetz als seine Übertreter. *Jakobus 2,9*

Wo man Unrecht bekämpft, ist der Ort der Gemeinde, die sich nach Christus nennt. Wie er soll sie sprechen für Recht und zerbrechen die Herrschaft der Klassen, die Allmacht der Kassen, den Dünkel der Rassen, den Stumpfsinn der Massen. Wo Gerechtigkeit wird, hat das Elend ein Ende, da wird die Erde neu. Lothar Zenetti

Kl: Sacharja 8,11–17 :: Bl: Hesekiel 37,15–28

13. Donnerstag **Herr, ich freue mich über deine Hilfe.** *1. Samuel 2,1*

Gott sei Dank, der uns den Sieg gibt durch unsern Herrn Jesus Christus! *1. Korinther 15,57*

Du allein sollst Meister sein; gib uns nur rechten Schülersinn, leis' Gehör für deine Lehr, lenk unsern Willen zu dir hin. Wir sind dein und wolln allein dir in allem folgsam sein, hangen an des Meisters Mund, treu bewahren deinen Bund. BG 513,2 Karl Bernhard Garve

Kl: Lukas 9,51–56 :: Bl: Hesekiel 40,1–16

13. November 1741: Alle Brüdergemeinen ehren Jesus Christus als Haupt und Ältesten seiner Gemeinde

14. Freitag **Wie ein Adler ausführt seine Jungen und über ihnen schwebt, so breitete der Herr seine Fittiche aus und nahm sein Volk und trug es auf seinen Flügeln.** *5. Mose 32,11*

Jesus spricht: **Mein Vater, der sie mir anvertraut hat, ist mächtiger als alle. Niemand kann sie aus seiner Hand reißen.** *Johannes 10,29*

Der, der für uns ist, ist größer als alle, die gegen uns sein könnten. James Hudson Taylor

Kl: Johannes 18,10.11 :: Bl: Hesekiel 42,15–43,12

15. Samstag **Fülle uns frühe mit deiner Gnade, so wollen wir rühmen und fröhlich sein unser Leben lang.** *Psalm 90,14*

Das Ziel der Unterweisung ist Liebe aus reinem Herzen und aus gutem Gewissen und aus ungeheucheltem Glauben. *1. Timotheus 1,5*

Lass deines guten Geistes Licht und dein hell glänzend Angesicht erleuchten mein Herz und Gemüt, o Brunnen unerschöpfter Güt. So will ich deines Namens Ruhm ausbreiten als dein Eigentum und dieses achten für Gewinn, wenn ich nur dir ergeben bin.
389,3.5 Heinrich Georg Neuss

Kl: 1. Petrus 3,8–17 :: Bl: Hesekiel 47,1–12

VORLETZTER SONNTAG DES KIRCHENJAHRES

Wir müssen alle offenbar werden vor dem Richterstuhl Christi. *2. Korinther 5,10a*

Wochenlied: 149 oder 378

Ev: Matthäus 25,31–46 :: Ep: Römer 14,(1–6)7–13

Pr/AT: Hiob 14,1–6(7–12)13(14)15–17 :: Bl: Psalm 69,17–37

16. Sonntag **Der HERR sah ihre Not an, als er ihre Klage hörte, und gedachte um ihretwillen an seinen Bund.** *Psalm 106,44–45*

Und sie steinigten Stephanus; der rief den Herrn an und sprach: Herr Jesus, nimm meinen Geist auf! *Apostelgeschichte 7,59*

Drauf will ich nun befehlen dir mein Seel in deine Hände. Ach treuer Gott, steh fest bei mir, dein' Geist nicht von mir wende; und wenn ich nicht mehr reden kann, so nimm mein letztes Seufzen an, durch Jesus Christus, Amen.

BG 976,4 Bartholomäus Frölich

17. Montag **Die Wege des HERRN sind lauter Güte und Treue für alle, die seinen Bund und seine Zeugnisse halten.** *Psalm 25,10*

Jesus spricht: **Selig seid ihr, wenn euch die Menschen um meinetwillen schmähen und verfolgen und allerlei Böses gegen euch reden und dabei lügen. Seid fröhlich und jubelt; es wird euch im Himmel reichlich belohnt werden.** *Matthäus 5,11–12*

Herr, du bist Gott! In deine Hand o lass getrost uns fallen. Wie du geholfen unserm Land, so hilfst du fort noch allen, die dir vertraun und deinem Bund und freudig dir von Herzensgrund ihr Loblied lassen schallen.
377,4 Friedrich Oser

Kl: Matthäus 25,14–20 :: Bl: 1. Thessalonicher 1,1–10

18. Dienstag **Der Herr ist ein Schild allen, die ihm vertrauen.** *Psalm 18,31*

Wo keine Hoffnung war, hat Abraham auf Hoffnung hin geglaubt, auf dass er der Vater vieler Völker werde. *Römer 4,18*

Es kann keiner zu Gottes Wegen Ja sagen, der zu seinen Verheißungen und Geboten Nein sagt.
Dietrich Bonhoeffer

Kl: Jeremia 8,4–9 :: Bl: 1. Thessalonicher 2,1–12

BUSS- UND BETTAG

Gerechtigkeit erhöht ein Volk; aber die Sünde ist der Leute Verderben. *Sprüche 14,34*

Lied: 299 oder 428

Ev: Lukas 13,(1–5)6–9 :: Pr/Ep: Römer 2,1–11

AT: Jesaja 1,10–18 :: Bl: 1. Thessalonicher 2,13–20

---

19. Mittwoch **Weh denen, die Unheil planen, weil sie die Macht haben!** *Micha 2,1*

Jesus rief die Jünger zu sich und sprach: Ihr wisst, dass die Herrscher ihre Völker niederhalten und die Mächtigen ihnen Gewalt antun. So soll es nicht sein unter euch. *Matthäus 20,25–26*

Du Gott der Gerechtigkeit und des Friedens. Du stehst bei den Armen und Unterdrückten. Du forderst uns auf, Stimme derer zu sein, die nicht sprechen können oder dürfen. Wir rufen dich an für alle Menschen auf Erden, die unter Ungerechtigkeit und Krieg zu leiden haben. Kyrie eleison. Herr, erbarme dich. Ökumenisches Gebet

20. Donnerstag **Gott der HERR machte den Menschen aus Staub von der Erde und blies ihm den Odem des Lebens in seine Nase. Und so ward der Mensch ein lebendiges Wesen.** *1. Mose 2,7*

Nicht mehr ich lebe, sondern Christus lebt in mir; sofern ich jetzt noch im Fleisch lebe, lebe ich im Glauben an den Sohn Gottes, der mich geliebt und sich für mich hingegeben hat. *Galater 2,20*

Herr Christ, dein bin ich Eigen von Anbeginn der Welt, dein Güte zu erzeigen, hast du mich auserwählt und mich auch lassen nennen nach deinem Namen wert; den will ich auch bekennen forthin auf dieser Erd.
204,1 Christiana Cunrad

Kl: 2. Thessalonicher 1,3–12 :: Bl: 1. Thessalonicher 3,1–13

21. Freitag **HERR, du bist Gott, und deine Worte sind Wahrheit.** *2. Samuel 7,28*

Wenn ihr bleiben werdet an meinem Wort, so seid ihr wahrhaftig meine Jünger und werdet die Wahrheit erkennen, und die Wahrheit wird euch frei machen. *Johannes 8,31–32*

Gott Vater, lass zu deiner Ehr dein Wort sich weit ausbreiten. Hilf, Jesu, dass uns deine Lehr erleuchten mög und leiten. O Heilger Geist, dein göttlich Wort lass in uns wirken fort und fort Glaub, Lieb, Geduld und Hoffnung. 196,6 David Denicke

Kl: Hebräer 13,17–21 :: Bl: 1. Thessalonicher 4,1–12

22. Samstag **Ich bin gnädig, spricht der HERR, und will nicht ewiglich zürnen. Allein erkenne deine Schuld, dass du wider den HERRN, deinen Gott, gesündigt hast.** *Jeremia 3,12–13*

Vergib uns unsere Schuld, wie auch wir vergeben haben jenen, die an uns schuldig geworden sind. *Matthäus 6,12*

Wer, wenn nicht wir Christen, sollten Anwälte der Barmherzigkeit, Geduld und Vergebung Gottes in unserer Abrechnungskultur sein. Was Gott mit uns angefangen hat, dürfen wir getrost und mutig fortsetzen.

Aus einem Vaterunser-Brevier

Kl: 2. Petrus 3,(13)14–18 :: Bl: 1. Thessalonicher 4,13–18

LETZTER SONNTAG DES KIRCHENJAHRES
EWIGKEITSSONNTAG

Lasst eure Lenden umgürtet sein und eure Lichter brennen. *Lukas 12,35*

Wochenlied: 147/535 oder 153

Pr/Ev: Matthäus 25,1–13 :: Ep: Offenbarung 21,1–7

AT: Jesaja 65,17–19(20–22)23–25 :: Bl: Psalm 110

---

23. Sonntag **Der Herr spricht: Ich habe dich zum Licht der Völker gemacht, dass mein Heil reiche bis an die Enden der Erde.** *Jesaja 49,6*

Paulus sah eine Erscheinung bei Nacht: Ein Mann aus Makedonien stand da und bat ihn: Komm herüber nach Makedonien und hilf uns! Als er aber die Erscheinung gesehen hatte, da suchten wir sogleich nach Makedonien zu reisen, gewiss, dass uns Gott dahin berufen hatte, ihnen das Evangelium zu predigen. *Apostelgeschichte 16,9–10*

Herr Jesus Christus, du bist das wahre Licht, das allen Menschen leuchtet. Erfülle uns mit deinem hellen Schein, dass es in uns licht werde und durch uns hell in aller Dunkelheit der Welt, Licht von deinem Licht.
Evangelisches Gottesdienstbuch

24. Montag König Nebukadnezar sprach: **Es gefällt mir, die Zeichen und Wunder zu verkünden, die der höchste Gott an mir getan hat.** *Daniel 3,32*

Jesus sprach: **Wer nicht gegen uns ist, der ist für uns.** *Markus 9,40*

Wenn Jesus anderen sich zeigt, sich hier und dort verklärt, so freu dich der Barmherzigkeit, die ihnen widerfährt. BG 408,3 Nikolaus Ludwig von Zinzendorf

Kl: Hebräer 12,18–25 :: Bl: 1. Thessalonicher 5,1–11

25. Dienstag **Der Herr wird's vollenden um meinetwillen.** *Psalm 138,8*

Nachdem Jesus nun das Ziel erreicht hat, ist er für alle, die ihm gehorchen, zum Begründer ihrer endgültigen Rettung geworden. *Hebräer 5,9*

Wenn voll Ängsten und voll Sorgen mir das Leben dunkel wird, kommt ins Leben wie ein Morgen Gott als Helfer und als Hirt. Darum will den Herrn ich preisen, seinen Namen rühmen weit. »Halleluja« sei mein Singen, heute und für alle Zeit. BG 1042,3.6 Aus Suriname/Volker Schulz

Kl: Jesaja 35,8–10 :: Bl: 1. Thessalonicher 5,12–28

26. Mittwoch **HERR, deine Ratschlüsse von alters her sind treu und wahrhaftig.** *Jesaja 25,1*

Lasst uns festhalten an dem Bekenntnis der Hoffnung und nicht wanken; denn er ist treu, der sie verheißen hat. *Hebräer 10,23*

Der Geist des Herrn erweckt den Geist in Sehern und Propheten, der das Erbarmen Gottes weist und Heil in tiefsten Nöten. Seht, aus der Nacht Verheißung blüht; die Hoffnung hebt sich wie ein Lied und jubelt: Halleluja. BG 380,2 Maria Luise Thurmair

Kl: 1. Korinther 3,9–15 :: Bl: 2. Thessalonicher 1,1–12

27. Donnerstag Gott spricht: **Als du mich in der Not anriefst, half ich dir heraus.** *Psalm 81,8*

Als Petrus den starken Wind sah, erschrak er und begann zu sinken und schrie: Herr, rette mich! Jesus aber streckte sogleich die Hand aus und ergriff ihn. *Matthäus 14,30–31*

Wenn wir in höchsten Nöten sein und wissen nicht, wo aus noch ein, und finden weder Hilf noch Rat, ob wir gleich sorgen früh und spat, so ist dies unser Trost allein, dass wir zusammen insgemein dich anrufen, o treuer Gott, um Rettung aus der Angst und Not. 366,1–2 Paul Eber

Kl: Hebräer 13,1–9 :: Bl: 2. Thessalonicher 2,1–12

28. Freitag **Wie der neue Himmel und die neue Erde, die ich mache, vor mir Bestand haben, spricht der Herr, so soll auch euer Geschlecht und Name Bestand haben.** *Jesaja 66,22*

Nathanael antwortete Jesus: Rabbi, du bist Gottes Sohn, du bist der König von Israel! *Johannes 1,49*

Das Volk, das noch im Finstern wandelt – bald sieht es Licht, ein großes Licht. Heb in den Himmel dein Gesicht und steh und lausche, weil Gott handelt. Dann wird die arme Erde allen ein Land voll Milch und Honig sein. Das Kind zieht als ein König ein, und Davids Thron wird niemals fallen.

20,1.7 Jan Willem Schulte Nordholt/Jürgen Henkys

Kl: Hebräer 13,10–16 :: Bl: 2. Thessalonicher 2,13–17

29. Samstag **Ein Tag in deinen Vorhöfen ist besser als sonst tausend.** *Psalm 84,11*

Jesus sagte zu seinen Eltern: Warum habt ihr mich gesucht? Wusstet ihr nicht, dass ich im Haus meines Vaters sein muss? *Lukas 2,49*

In deinem Haus hör ich gern, Vater, was du zu sagen hast. Auch das will ich hören, Vater, was mir nicht passt. In deinem Haus will ich bleiben, Vater, füll du mich völlig aus, dann kann mich nichts vertreiben, Vater, aus deinem Haus. Ich gebe dir mein Leben, die Sorgen und das Glück. Willst du mir's wiedergeben, behalt, was dir an mir missfällt, zurück. Manfred Siebald

Kl: Offenbarung 21,10–14.21–27 :: Bl: 2. Thess. 3,1–18

Beginn des neuen Kirchenjahres

1. SONNTAG IM ADVENT

Siehe, dein König kommt zu dir, ein Gerechter und ein Helfer. *Sacharja 9,9b*

Wochenlied: 4 oder 11

Ev: Matthäus 21,1–11 :: Pr/Ep: Römer 13,8–12

AT: Sacharja 9,9–10 :: Bl: Psalm 24

30. Sonntag **Es wird keiner den andern noch ein Bruder den andern lehren und sagen: »Erkenne den Herrn«, denn sie sollen mich alle erkennen, beide, Klein und Groß, spricht der Herr.** *Jeremia 31,34*

Als aber die Hohenpriester und Schriftgelehrten die Wunder sahen, die Jesus tat, und die Kinder, die im Tempel schrien und sagten: Hosianna dem Sohn Davids!, entrüsteten sie sich und sprachen zu ihm: Hörst du auch, was diese sagen? Jesus sprach zu ihnen: Ja! Habt ihr nie gelesen: Aus dem Munde der Unmündigen und Säuglinge hast du dir Lob bereitet? *Matthäus 21,15–16*

Welch göttlich holdes Gnadenjahr eröffnet sich der Erde! Komm, komm, dass aller Völker Schar durch dich gesegnet werde. Dir weicht der Fluch, der Irrtum flieht, Gerechtigkeit und Friede blüht. Komm, höre laut von allen Hosiannajubel schallen!

BG 155,3 Karl Bernhard Garve

DEZEMBER

Monatsspruch: Gott spricht: Euch aber, die ihr meinen Namen fürchtet, soll aufgehen die Sonne der Gerechtigkeit und Heil unter ihren Flügeln. *Maleachi 3,20*

1. Montag **Sende dein Licht und deine Wahrheit, dass sie mich leiten zu deiner Wohnung.** *Psalm 43,3*

Simeon sprach: **Herr, nun lässt du deinen Diener in Frieden fahren, wie du gesagt hast; denn meine Augen haben deinen Heiland gesehen, das Heil, das du bereitet hast vor allen Völkern, ein Licht zur Erleuchtung der Heiden und zum Preis deines Volkes Israel.** *Lukas 2,29–32*

Du, Gott, bist mir begegnet, dein Heil gilt aller Welt. Du hast mich reich gesegnet, in deinen Dienst gestellt. Drum darf getrost ich gehen aus dieser Welt und Zeit. Ich werde dich jetzt sehen in alle Ewigkeit.
BG 980,2–3 Hans Hauzenberger

Kl: 1. Petrus 1,(8.9)10–13 :: Bl: Sacharja 1,1–6

2. Dienstag **Bekehre du mich, so will ich mich bekehren; denn du, HERR, bist mein Gott!** *Jeremia 31,18*

Paulus sprach: **Wir predigen euch das Evangelium, dass ihr euch bekehren sollt von diesen nichtigen Göttern zu dem lebendigen Gott, der Himmel und Erde und das Meer und alles, was darin ist, gemacht hat.** *Apostelgeschichte 14,15*

Gott, du kennst uns besser, als wir uns selbst kennen – du weißt, wer ich bin und was ich tue. Hilf mir in dieser Zeit der Vorbereitung im Advent, einen Frühjahrsputz in meinem Leben zu machen. Hilf mir, meine Beziehungen zu vertiefen und zu festigen: zu dir, zu anderen, zu mir selbst. Nimm mich bei der Hand und leite mich auf der Reise. Iona Community

Kl: Hebräer 10,32–39 :: Bl: Sacharja 1,7–17

3. Mittwoch **Wollte Gott, dass alle im Volk des HERRN Propheten wären und der HERR seinen Geist über sie kommen ließe!** *4. Mose 11,29*

Ihr werdet die Kraft des Heiligen Geistes empfangen, der auf euch kommen wird. *Apostelgeschichte 1,8*

Freut euch, ihr Christen, nehmt wahr, was Gott verheißt, dass wir im Dunkel nicht treiben: Wahrheit und Licht und die Kraft, durch seinen Geist in seiner Liebe zu bleiben. 182,9 Gerhard Hopfer

Kl: Kolosser 1,9–14 :: Bl: Sacharja 2,1–9

4. Donnerstag **Kinder, die das Gesetz nicht kennen, sollen es auch hören und lernen, den HERRN, euren Gott, zu fürchten alle Tage.** *5. Mose 31,13*

Ihr Väter, reizt eure Kinder nicht zum Zorn, sondern lasst sie aufwachsen in der Erziehung und Zurechtweisung des Herrn. *Epheser 6,4*

Überall auf der Erde herrscht ein schrecklicher Hunger nach Liebe. Tragt deshalb das Gebet in eure Familien, zu euren kleinen Kindern. Lehrt sie beten. Denn ein Kind, das betet, ist ein glückliches Kind. Eine Familie, die betet, ist eine geeinte Familie. Mutter Teresa

Kl: 1. Thessalonicher 5,1–6 :: Bl: Sacharja 2,10–17

5. Freitag **HERR, zeige uns deine Gnade und gib uns dein Heil!** *Psalm 85,8*

Das Heil kommt von den Juden. *Johannes 4,22*

O komm, du Sohn aus Davids Stamm, du Friedensbringer, Osterlamm. Von Schuld und Knechtschaft mach uns frei und von des Bösen Tyrannei. Freut euch, freut euch, der Herr ist nah. Freut euch und singt Halleluja.
19,2 John Mason Neale/Otmar Schulz

Kl: Hesekiel 37,24–28 :: Bl: Sacharja 3,1–10

6. Samstag **O HERR, hilf! O HERR, lass wohlgelingen!** *Psalm 118,25*

Der heilige Geist sprach: Bestimmt mir den Barnabas und den Saulus für das Werk, zu dem ich sie berufen habe. Da fasteten und beteten sie, legten ihnen die Hände auf und ließen sie gehen.

Apostelgeschichte 13,2–3

Herr, wir können nur durch die Kraft des heiligen Geistes gute Werke hervorbringen. Darum bitte ich dich: Mach in mir deinem Geiste Raum. Hilf mir, das loszulassen, was dir nicht gefällt. Lass mich das im Dienst einsetzen, was du mir an Gaben mitgegeben hast. Mache aus mir ein Gefäß zu deiner Ehre. Marie Hüsing

Kl: Philipper 1,3–11 :: Bl: Sacharja 4,1–14

---

2. SONNTAG IM ADVENT

Seht auf und erhebt eure Häupter, weil sich eure Erlösung naht. *Lukas 21,28*

Wochenlied: 7

Pr/Ev: Lukas 21,25–33 :: Ep: Jakobus 5,7–8(9–11)

AT: Jesaja 63,15–64,3 :: Bl: 1. Samuel 2,1–10

---

7. Sonntag **Der Herr richtet auf, die niedergeschlagen sind.** *Psalm 146,8*

Wahrlich, wahrlich, ich sage euch: Ihr werdet weinen und klagen, aber die Welt wird sich freuen; ihr werdet traurig sein, doch eure Traurigkeit soll zur Freude werden. *Johannes 16,20*

Das schreib dir in dein Herze, du hochbetrübtes Heer, bei denen Gram und Schmerze sich häuft je mehr und mehr; seid unverzagt, ihr habet die Hilfe vor der Tür; der eure Herzen labet und tröstet, steht allhier.

11,6 Paul Gerhardt

8. Montag **Du wirst mit deinem Gott zurückkehren. Halte fest an Liebe und Recht und hoffe stets auf deinen Gott!** *Hosea 12,7*

Paulus schreibt: **Christus Jesus ist in die Welt gekommen, um Sünder zu retten – unter ihnen bin ich der erste. Doch eben darum habe ich Erbarmen gefunden: An mir als Erstem sollte Christus Jesus die ganze Fülle seiner Geduld zeigen, beispielhaft für alle, die künftig an ihn glauben und so ewiges Leben finden.** *1. Timotheus 1,15–16*

Gebt euch der Kraft und der Macht Jesu Christi hin, um durchzuhalten. Wir fangen oft an, aber der Mut zum Weitermachen fehlt. Daher ist es nötig, sich mehrmals am Tag dem Geist Jesu Christi anzuvertrauen, damit wir die Gnade der Beharrlichkeit erlangen und nicht schon bei der ersten schwierigen Situation vom Guten ablassen. Catherine de Bar

Kl: Jesaja 25,1–5 :: Bl: Sacharja 5,1–11

9. Dienstag **Ich will euch tragen, bis ihr grau werdet. Ich habe es getan; ich will heben und tragen und erretten.** *Jesaja 46,4*

Unterstütze die Witwen, die alleinstehend sind. *1. Timotheus 5,3*

Gott segne die Jahre deines Lebens. Gott schaue freundlich auf die Jahre der Fülle und die Jahre der Not. Gott hege und bewahre deine Träume und Hoffnungen. Gott streichle sanft über deine faltigen Wangen. Gott heile alle deine Verwundungen. Gott nehme dich liebevoll in die Arme. Gott führe dich in das Reich der Liebe. Hanna Strack

Kl: Offenbarung 2,1–7 :: Bl: Sacharja 6,1–8

10. Mittwoch **Du bist groß, Herr HERR! Denn es ist keiner wie du, und ist kein Gott außer dir nach allem, was wir mit unsern Ohren gehört haben.**

2. Samuel 7,22

Ich bin das A und das O, der Erste und der Letzte, der Anfang und das Ende. *Offenbarung 22,13*

Groß ist unser Gott, Herr der Ewigkeit. Er allein regiert über Raum und Zeit. Souverän herrscht er, Schöpfer dieser Welt, der in seiner Hand unser Schicksal hält. Sein Wort gilt für alle Zeit. Sein Reich kommt in Herrlichkeit. Wir stehn staunend, Gott, vor dir, unser Vater.

Lothar Kosse

Kl: 2. Korinther 5,1–10 :: Bl: Sacharja 6,9–15

11. Donnerstag **Ich habe dich je und je geliebt, darum habe ich dich zu mir gezogen aus lauter Güte.**

Jeremia 31,3

Also hat Gott die Welt geliebt, dass er seinen eingeborenen Sohn gab, auf dass alle, die an ihn glauben, nicht verloren werden, sondern das ewige Leben haben. *Johannes 3,16*

Nichts, nichts hat dich getrieben zu mir vom Himmelszelt als das geliebte Lieben, damit du alle Welt in ihren tausend Plagen und großen Jammerlast, die kein Mund kann aussagen, so fest umfangen hast.

11,5 Paul Gerhardt

Kl: Jeremia 31,1–7 :: Bl: Sacharja 7,1–14

12. Freitag **Ach dass du den Himmel zerrissest und führest herab!** *Jesaja 63,19*

Der Engel sprach zu Maria: **Siehe, du wirst schwanger werden und einen Sohn gebären, dem sollst du den Namen Jesus geben. Der wird groß sein und Sohn des Höchsten genannt werden.** *Lukas 1,31–32*

Seht, die gute Zeit ist nah, Gott kommt auf die Erde, kommt und ist für alle da, kommt, dass Friede werde. Hirt und König, Groß und Klein, Kranke und Gesunde, Arme, Reiche lädt er ein, freut euch auf die Stunde.
18,1–2 Friedrich Walz

Kl: Lukas 22,66–71 :: Bl: Sacharja 8,1–13

13. Samstag **Siehe, es kommt die Zeit, spricht der Herr, dass die Stadt für den Herrn wieder gebaut werden wird.** *Jeremia 31,38*

Und ich sah die heilige Stadt: das neue Jerusalem. Sie kam von Gott aus dem Himmel herab – für die Hochzeit bereit wie eine Braut, die sich für ihren Mann geschmückt hat. Und ich hörte eine laute Stimme vom Thron her rufen: Sieh her: Gottes Wohnung ist bei den Menschen! *Offenbarung 21,2–3*

Ich will bei euch wohnen; ihr sollt zu Hause sein. Das Leben wird sich lohnen, wenn wir zusammen wohnen. Es wird ein Segen sein.
BG 356,1 Fritz Baltruweit

Kl: 1. Thessalonicher 4,13–18 :: Bl: Sacharja 8,14–23

3. SONNTAG IM ADVENT

Bereitet dem HERRN den Weg; denn siehe, der HERR kommt gewaltig. *Jesaja 40,3.10*

Wochenlied: 10 oder 16

Ev: Lukas 1,67–79 :: Ep: 1. Korinther 4,1–5

AT: Jesaja 40,1–11 :: Pr: Lukas 3,(1–2)3–14(15–17)18(19–20)

Bl: Lukas 1,46–55

14. Sonntag **Wenn ich rufe zu dir, HERR, mein Fels, so schweige mir nicht.** *Psalm 28,1*

Der Hauptmann bat Jesus: **Sprich nur ein Wort, und mein Knecht wird gesund.** *Lukas 7,7*

Für alle Menschen beten wir, o Vater, wie für uns zu dir: Gib, der du aller Vater bist, gib jedem, was ihm heilsam ist.
BG 643,1 Johann Andreas Cramer/Albert Knapp

15. Montag **Er ist um unsrer Missetat willen verwundet und um unsrer Sünde willen zerschlagen.** *Jesaja 53,5*

Gott hat auch seinen eigenen Sohn nicht verschont, sondern hat ihn für uns alle dahingegeben – wie sollte er uns mit ihm nicht alles schenken? *Römer 8,32*

Gelobet sei der Herr, mein Gott, mein Heil, mein Leben, des Vaters liebster Sohn, der sich für mich gegeben, der mich erlöset hat mit seinem teuren Blut, der mir im Glauben schenkt das allerhöchste Gut.
139,2 Johann Olearius

Kl: Matthäus 3,1–6 :: Bl: Sacharja 9,9–12

16. Dienstag **Sei nur stille zu Gott, meine Seele; denn er ist meine Hoffnung.** *Psalm 62,6*

Wir warten auf die selige Hoffnung und Erscheinung der Herrlichkeit des großen Gottes und unseres Heilands, Jesus Christus. *Titus 2,13*

So hör die frohe Kunde: Dein Heiland ist ganz nah. Erkenne doch die Stunde, sie kommt und ist bald da. Sieh seinen hellen Stern, er leuchtet durch die Zeiten, drum hilf den Weg bereiten dem königlichen Herrn.
BG 149,4 Helene Marx

Kl: Matthäus 3,7–12 :: Bl: Sacharja 12,9–13,1

17. Mittwoch **Weh denen, die Böses gut und Gutes böse nennen, die aus Finsternis Licht und aus Licht Finsternis machen!** *Jesaja 5,20*

Lass dich nicht vom Bösen überwinden, sondern überwinde das Böse mit Gutem. *Römer 12,21*

O lass dein Licht auf Erden siegen, die Macht der Finsternis erliegen und lösch der Zwietracht Glimmen aus, dass wir, die Völker und die Thronen, in Frieden beieinander wohnen in deines großen Vaters Haus.
BG 156,6 Friedrich Rückert

Kl: Zefanja 3,14–20 :: Bl: Sacharja 14,1–11

18. Donnerstag **Bessert euer Leben und euer Tun, so will ich euch wohnen lassen an diesem Ort.**

Jeremia 7,3

Bemüht euch deshalb nach Kräften, dass zu eurem Glauben das richtige Verhalten kommt. Zum richtigen Verhalten soll die Erkenntnis kommen, zur Erkenntnis die Selbstbeherrschung, zur Selbstbeherrschung die Standhaftigkeit, zur Standhaftigkeit die Ausübung des Glaubens, zur Ausübung des Glaubens die geschwisterliche Liebe und zur geschwisterlichen Liebe die Liebe überhaupt. *2. Petrus 1,5–7*

Er kommt auch noch heute und lehret die Leute, wie sie sich von Sünden zur Buß sollen wenden, von Irrtum und Torheit treten zu der Wahrheit.

5,2 Böhmische Brüder

Kl: 2. Korinther 1,18–22 :: Bl: Maleachi 1,1–5

19. Freitag **Es ist kein Fels, wie unser Gott ist.**

1. Samuel 2,2

Werdet stark durch eure Verbundenheit mit dem Herrn. Lasst euch stärken durch seine Kraft.

Epheser 6,10

Stern, auf den ich schaue, Fels, auf dem ich steh, Führer, dem ich traue, Stab, an dem ich geh, Brot, von dem ich lebe, Quell, an dem ich ruh, Ziel, das ich erstrebe, alles, Herr, bist du.

407,1 Cornelius Friedrich Adolf Krummacher

Kl: Jesaja 11,10–13 :: Bl: Maleachi 1,6–14

20. Samstag **Josef tröstete seine Brüder und redete freundlich mit ihnen.** *1. Mose 50,21*

Seid untereinander freundlich und herzlich und vergebt einer dem andern, wie auch Gott euch vergeben hat in Christus. *Epheser 4,32*

Herr, gib du uns Augen, die den Nachbarn sehn, Ohren, die ihn hören und ihn auch verstehn. Hände, die es lernen, wie man hilft und heilt; Füße, die nicht zögern, wenn die Hilfe eilt. Herzen, die sich freuen, wenn ein andrer lacht; einen Mund zu reden, was ihn glücklich macht. Friedrich Walz

Kl: Jeremia 30,8–11a :: Bl: Maleachi 2,1–9

---

4. SONNTAG IM ADVENT

Freuet euch in dem Herrn allewege, und abermals sage ich: Freuet euch! Der Herr ist nahe! *Philipper 4,4.5b*

Wochenlied: 9 oder 19

Ev: Lukas 1,26–38(39–56)

Ep: Philipper 4,4–7 :: AT: Jesaja 62,1–5

Pr: 2. Korinther 1,18–22 :: Bl: Lukas 1,68–79

---

21. Sonntag **Meine Hand hat alles gemacht, was da ist, spricht der Herr. Ich sehe aber auf den Elenden und auf den, der zerbrochenen Geistes ist und der erzittert vor meinem Wort.** *Jesaja 66,2*

Als aber erschien die Freundlichkeit und Menschenliebe Gottes, unseres Heilands, machte er uns selig – nicht um der Werke willen, die wir in Gerechtigkeit getan hätten, sondern nach seiner Barmherzigkeit. *Titus 3,4–5*

Erinnere mich vor allem daran, heiliger und barmherziger Gott, dass es im Advent um dich geht, um deine Herrschaft über alle Welt. Erinnere mich daran, wie du in die Weltgeschichte eingegriffen hast und dass du Zeit und Raum in deiner Hand hältst. Iona Community

22. Montag **Weh dem, der sein Gut mehrt mit fremdem Gut – wie lange wird's währen?** *Habakuk 2,6*

Jesus spricht: **Wer im Geringsten treu ist, der ist auch im Großen treu; und wer im Geringsten ungerecht ist, der ist auch im Großen ungerecht.** *Lukas 16,10*

Du bist nicht, Gott, wo Unrecht geschieht. Es sei denn auf der Seite der Benachteiligten. Du bist nicht, Gott, wo man auf Kosten anderer lebt. Es sei denn auf der Seite der Armen. Du bist nicht, Gott, wo man die Güter des Lebens anhäuft. Es sei denn auf der Seite der Ausgeschlossenen. Darum will ich dich suchen in der Gerechtigkeit und bei den Benachteiligten, Armen, Ausgeschlossenen. Anton Rotzetter

Kl: Offenbarung 22,(12–14)16.17.20.21
Bl: Maleachi 2,10–16

23. Dienstag **Sei getrost, alles Volk im Lande, spricht der Herr, und arbeitet! Denn ich bin mit euch.** *Haggai 2,4*

Wer da kärglich sät, der wird auch kärglich ernten; und wer da sät im Segen, der wird auch ernten im Segen. *2. Korinther 9,6*

Nur mit Gott und seinem Segen gehst du auf gewissen Wegen. Darum such in allen Dingen dein Gebet vor Gott zu bringen. Und wenn wir bei allen Gaben oft auch viel zu seufzen haben – gut, wenn sich's zum Beten wendet, dass er Stärk und Hilfe sendet.
BG 638,1.3 Johann Amos Comenius/Theodor Gill
Kl: Jesaja 7,10–14 :: Bl: Maleachi 2,17–3,12

HEILIGER ABEND

Fürchtet euch nicht! Siehe, ich verkündige euch große Freude, die allem Volk widerfahren wird; denn euch ist heute der Heiland geboren, welcher ist Christus, der Herr, in der Stadt Davids. *Lukas 2,10b.11*
Lied: 24 oder 27
Ev: Lukas 2,1–20 :: Ep: Galater 4,4–7
AT: Jesaja 9,1–6 :: Pr: Hesekiel 37,24–28
Bl: Maleachi 3,13–24

---

24. Mittwoch **Gerechtigkeit und Recht sind deines Thrones Stütze, Gnade und Treue treten vor dein Angesicht.** *Psalm 89,15*

Das Wort ward Fleisch und wohnte unter uns, und wir sahen seine Herrlichkeit, eine Herrlichkeit als des eingeborenen Sohnes vom Vater, voller Gnade und Wahrheit. *Johannes 1,14*

Friedensfürst, du bist geboren, Sonne der Gerechtigkeit. Du bringst denen, die verloren, Leben, Licht und Herrlichkeit. Christus hat sich hingegeben, schenkt uns Heil und neues Leben. Von dem Tod sind wir befreit, neu geborn in Ewigkeit. Hört es, freut euch überall: Gott wird Mensch, ein Kind im Stall.

BG 175,3 Charles Wesley/George Whitefield/ Armin Jetter/Ulrike Voigt

WEIHNACHTSFEST

Das Wort ward Fleisch und wohnte unter uns, und wir sahen seine Herrlichkeit. *Johannes 1,14a*

Lied: 23 oder 45

Ev: Johannes 1,1–5.9–14(16–18) :: Pr/Ep: Titus 3,4–7

AT: Jesaja 52,7–10 :: Bl: Psalm 2

25. Donnerstag **Bringe uns, Herr, zu dir zurück, dass wir wieder heimkommen; erneure unsre Tage wie vor alters!** *Klagelieder 5,21*

Euch ist heute der Heiland geboren, welcher ist Christus, der Herr, in der Stadt Davids. *Lukas 2,11*

Jauchzet, ihr Himmel, frohlocket, ihr Enden der Erden! Gott und der Sünder, die sollen zu Freunden nun werden. Friede und Freud wird uns verkündiget heut; freuet euch, Hirten und Herden!

41,2 Gerhard Tersteegen

2. WEIHNACHTSTAG

Lied: 32 oder 39
Pr/Ev: Matthäus 1,18–25 :: Ep: Hebräer 1,1–4(5–14)
AT: Jesaja 7,10–14 :: Bl: Lukas 2,29–32

STEPHANUSTAG

Der Tod seiner Heiligen wiegt schwer vor dem HERRN. Dir will ich Dankopfer bringen und des HERRN Namen anrufen. *Psalm 116,15.17*
Lied: 137 oder 154
Ev: Matthäus 10,16–22
Ep: Apostelgeschichte 6,8–15; 7,(1–54)55–60
AT: 2. Chronik 24,19–21 :: Pr: Hebräer 10,32–39
Bl: Lukas 2,29–32

26. Freitag **Die Gebote des HERRN sind lauter und erleuchten die Augen.** *Psalm 19,9*

Alle, die im Hohen Rat saßen, blickten auf Stephanus und sahen sein Angesicht wie eines Engels Angesicht. *Apostelgeschichte 6,15*

Sei willkommen, Christe, Heil der Welt, wahres Lichte, das uns all erhellt. Halt uns in deiner Gnade nach deinem Gebot und bleib für alle Zeiten in unsrer Not. Kyrieleis. BG 164,3 13./14. Jh. Aachen

27. Samstag **Ich gehe einher in der Kraft Gottes des HERRN; ich preise deine Gerechtigkeit allein.** *Psalm 71,16*

Denen aber, die berufen sind, Juden und Griechen, predigen wir Christus als Gottes Kraft und Gottes Weisheit. *1. Korinther 1,24*

Jesus ist der starke Gott. Keiner ist ihm gleich. Er besiegte Hass und Tod. Komm in sein Friedensreich! Seht doch, welch ein Wunder: Gott kommt uns nah! Freude über Freude: Christ, der Retter, ist da.

Gieselheid Czeschin

Kl: Johannes 21,20–24 :: Bl: Johannes 1,1–5

---

1. SONNTAG NACH WEIHNACHTEN

Wir sahen seine Herrlichkeit, eine Herrlichkeit als des eingeborenen Sohnes vom Vater, voller Gnade und Wahrheit. *Johannes 1,14b*

Wochenlied: 34 oder 36

Ev: Lukas 2,(22–24)25–38(39–40)

Ep: 1. Johannes 1,1–4 :: AT: Jesaja 49,13–16

Pr: Hiob 42,1–6 :: Bl: Johannes 1,6–8

---

28. Sonntag **Siehe, wie fein und lieblich ist's, wenn Brüder einträchtig beieinander wohnen! Denn dort verheißt der HERR Segen und Leben bis in Ewigkeit.** *Psalm 133,1.3*

Ehre sei Gott in der Höhe und Friede auf Erden bei den Menschen seines Wohlgefallens. *Lukas 2,14*

Gott braucht Menschen, um Mensch zu werden. So war es damals. So ist es bis heute. Inge Müller

29. Montag **Du, Herr, sei nicht ferne; meine Stärke, eile, mir zu helfen!** *Psalm 22,20*

Die Kraft des Herrn war mit Jesus, dass er heilen konnte. *Lukas 5,17*

Lass mir deine Güt und Treu täglich werden immer neu. Gott, mein Gott, verlass mich nicht, wenn mich Not und Tod anficht. Lass mich deine Herrlichkeit, deine Wundergütigkeit schauen in der Ewigkeit.
38,3 Johann Olearius

Kl: 1. Johannes 4,12–16a :: Bl: Johannes 1,9–13

30. Dienstag **Der Herr sprach zu Mose: Du hast Gnade vor meinen Augen gefunden, und ich kenne dich mit Namen.** *2. Mose 33,17*

Das Fundament Gottes wankt nicht, und es trägt das Siegel mit der Aufschrift: Der Herr kennt die Seinen. *2. Timotheus 2,19*

Bist du der eignen Rätsel müd? Es kommt, der alles kennt und sieht! Er sieht dein Leben unverhüllt, zeigt dir zugleich dein neues Bild. Weil Gott in tiefster Nacht erschienen, kann unsre Nacht nicht traurig sein!
56,2–3 Dieter Trautwein

Kl: Jesaja 63,7–14 :: Bl: Johannes 1,14–18

ALTJAHRSABEND

Meine Zeit steht in deinen Händen. *Psalm 31,16a*

Lied: 58 oder 65

Ev: Matthäus 13,24–30 :: Ep: Römer 8,31b–39

AT: Prediger 3,1–15 :: Pr: Hebräer 13,8–9b

Bl: Psalm 29

31. Mittwoch **Der Herr schafft deinen Grenzen Frieden.** *Psalm 147,14*

Selig sind, die Frieden stiften; denn sie werden Gottes Kinder heißen. *Matthäus 5,9*

Ich stehe unter Gottes Schutz, ich weiß das – seit geraumer Zeit. ER nahm den Gram und das Bittere aus meinem Wesen und machte mich fröhlich. Und ich will hingehen, alle anzustecken mit Freude und Freundlichkeit, auf dass die Erde Heimat wird für alle Welt durch seinen Frieden und unseren Glauben. Schalom in Dorf und Stadt! Hanns Dieter Hüsch

Kontakte zur Herrnhuter Brüdergemeine

Als 1731 das erste Losungsbuch gedruckt wurde, war die von Glaubensflüchtlingen gegründete Siedlung Herrnhut noch keine zehn Jahre alt. Wenig später gingen die ersten Herrnhuter als Missionare in die Karibik. Heute ist die Evangelische Brüder-Unität eine kleine internationale Freikirche. Die Europäisch-Festländische Brüder-Unität ist eine ihrer Kirchenprovinzen mit vielen Aufgaben. Für mehr Informationen und Kontakte innerhalb Deutschlands nutzen Sie bitte die Postkarte im Innenteil des Losungsbuches oder eine der folgenden Adressen.

Herrnhuter Brüdergemeine
Evangelische Brüder-Unität
Zittauer Straße 20, 02747 Herrnhut
Tel. 035873/487-0, Fax -99
E-Mail: info@ebu.de

Evangelische Brüder-Unität
Badwasen 6, 73087 Bad Boll
Tel. 07164/9421-0, Fax -99
E-Mail: brueder-unitaet.bb@ebu.de

www.herrnhuter.de
www.losungen.de

Spenden für die Losungsarbeit:
IBAN: DE60 5206 0410 0000 4159 28
BIC (Swift Code) GENODEF1EK1
Stichwort: Losungsspende

Herrnhuter Missionshilfe
Badwasen 6, 73087 Bad Boll
Tel. 07164/9421-0, Fax -99
E-Mail: info@herrnhuter-missionshilfe.de
www.herrnhuter-missionshilfe.de

Spenden für die Arbeit der Herrnhuter Missionshilfe:
IBAN: DE25 5206 0410 0000 4151 03
BIC (Swift Code) GENODEF1EK1
Stichwort: Herrnhuter Missionshilfe

Graf-Zinzendorf-Stiftung
Zittauer Straße 20, 02747 Herrnhut
Tel. 035873/487-0, Fax -99
E-Mail: stiftung@zinzendorf.de
www.graf-zinzendorf-stiftung.de
Spenden für die Graf-Zinzendorf-Stiftung:
IBAN DE60 3506 0190 1567 4870 12
BIC (Swift Code) GENODED1DKD

Diakonie
Stiftung **»Herrnhuter Diakonie«**
Zittauer Straße 19, 02747 Herrnhut
Tel. 035873/46-0, Fax -299
www.herrnhuter-diakonie.de

Stiftung **Diakonissenanstalt EMMAUS**
Bautzener Straße 21, 02906 Niesky
Tel. 03588/264-0, Fax -333
www.emmaus-niesky.de

Betriebe
Herrnhuter Sterne GmbH
Oderwitzer Straße 8, 02747 Herrnhut
Tel. 035873/364-0, Fax -35
E-Mail: info@herrnhuter-sterne.de
www.herrnhuter-sterne.de

Comenius-Buchhandlung
Comeniusstraße 2, 02747 Herrnhut
Tel. 035873/2253, Fax 40544
E-Mail: cobu-herrnhut@herrnhuter-sterne.de
www.comeniusbuchhandlung.de

Schulen
Zinzendorfschulen Königsfeld
Gymnasien, Realschule, Berufliche
Schulen mit Internat
Mönchweilerstraße 5, 78126 Königsfeld
Tel. 07725/938160
E-Mail: info@zinzendorfschulen.de
www.zinzendorfschulen.de

Zinzendorfschule Tossens
Gymnasium und Oberschule
Auf dem Int 7, 26969 Butjadingen
Tel. 04736/9295-0
E-Mail: schule@zinzendorfschule.de
www.zinzendorfschule.de

Evangelische Zinzendorfschulen
Herrnhut
Gymnasium und Oberschule
Zittauer Straße 2, 02747 Herrnhut
Tel. 035873/481-0, Fax -25,
E-Mail: kontakt@ezsh.de
www.ezsh.de

Gästehäuser und Führungen
KOMENSKÝ Gäste- und Tagungshaus
Comeniusstraße 8-10, 02747 Herrnhut
Tel. 035873/338-40, Fax -59
E-Mail: info@komensky.de
www.komensky.de

Rüstzeitenheim Haus Sonnenschein
Lobensteiner Straße 13,
07929 Saalburg-Ebersdorf,
Tel. 036651/87142, Fax 385795
E-Mail: rzs@bruedergemeine.net
www.bruedergemeine.net

Gästearbeit der Herrnhuter
Brüdergemeine
Zinzendorfplatz 1, 02747 Herrnhut
Tel. 035873/30677
gaestearbeit@ebu.de

Pfarrämter der Brüdergemeine

01127	Dresden, Oschatzer Straße 41 Tel. 0351/8489804
02625	Bautzen-Kleinwelka, Zinzendorfplatz 5 Tel. 035935/20819
02747	Herrnhut, Comeniusstraße 3 Tel. 035873/33604
02906	Niesky, Zinzendorfplatz 2 Tel. 03588/202995
03046	Cottbus, Straße der Jugend 94 Tel. 0355/4946782
03149	Forst, Blumenstraße 3 Tel. 03562/8014
07929	Saalburg-Ebersdorf Lobensteiner Straße 16 Tel. 036651/87006
08058	Zwickau, Clara-Zetkin-Straße 20 über Tel. 036651/87006
12043	Berlin, Kirchgasse 14/17 Tel. 030/68809122
22085	Hamburg, Winterhuder Weg 132 Tel. 040/20953956
47809	Krefeld, Margaretenstraße 21 Tel. 02151/4861976
39249	Gnadau, Barbyer Straße 6 Tel. 03928/400050
49824	Neugnadenfeld Herrnhuter Ring 22 Tel. 05944/1800
56564	Neuwied, Friedrichstraße 43 Tel. 02631/8998120
60487	Frankfurt/Main, Mulansky- straße 21, Tel. 069/709831
63654	Büdingen, Herrnhaag 2 Tel. 06042/9787870
73087	Bad Boll, Herrnhuter Weg 6 Tel. 07164/912550
78126	Königsfeld, Zinzendorfplatz 2 Tel. 07725/9382-0
99192	Neudietendorf, Kirchstraße 13 Tel. 036202/78620

Unsere Unitätsgebetswacht

Das Losungsbuch hat Leser auf allen Kontinenten gefunden. Wir sind daher mit Menschen verschiedener Kulturen und Sprachen im Hören und Bedenken des jeweiligen Gotteswortes verbunden. Verbunden sind wir auch im Gebet zu unserem gemeinsamen Herrn und Heiland.

In der Brüdergemeine hat sich dafür eine besondere Form herausgebildet, die Unitätsgebetswacht. Die Wurzeln liegen im Stundengebet des alten Herrnhut. Damals fanden sich Brüder und Schwestern bereit, an allen Stunden des Tages im Gebet vor den Herrn zu treten. Diese Gebetsform wurde 1956/57 neu belebt. Alle Provinzen der Brüder-Unität sind an diesem Gebet beteiligt, sodass eine Gebetskette entstanden ist, die vom 1. Januar bis zum 31. Dezember jedes Jahres reicht. Die folgende Übersicht zeigt den Verlauf der Gebetskette durch das Jahr.

1. Januar–18. Januar:
USA, Südprovinz

19. Januar–23. Januar:
Costa Rica

24. Januar–31. Januar:
Guyana

1. Februar–3. Februar:
Tschechische Republik, Missionsprovinz

4. Februar–7. Februar:
Tschechische Republik, Unitätsprovinz

8. Februar–25. Februar:
Surinam

26. Februar–14. März:
Tansania, Westprovinz

15. März–22. März:
Alaska

23. März–2. April:
Europäisch-Festländische Brüder-Unität und Unitätswerk auf dem **Sternberg**

3. April–17. April:
Westindien-Ost

18. April–19. April:
Labrador

20. April–7. Mai:
Jamaika

8. Mai–25. Mai:
Honduras, Unitätsprovinz

26. Mai–31. Mai:
Honduras, Missionsprovinz

1. Juni–25. Juni:
Südafrika

26. Juni–9. Juli:
Großbritannien und Missionsgebiet in **Nordindien** und **Nepal**

10. Juli–23. Juli:
Tansania, Rukwa-Provinz

24. Juli–31. Juli:
Tansania, Ostprovinz

1. August–9. August:
Tansania, Provinz am Tanganyikasee

10. August–16. August:
Burundi

17. August–6. September:
Tansania, Südprovinz

7. September–5. Oktober:
Nikaragua

6. Oktober–10. Oktober:
Tansania, Nordprovinz

11. Oktober–16. Oktober:
Kuba

17. Oktober–22. Oktober:
Malawi

23. Oktober–25. Oktober:
Sambia

26. Oktober–30. November:
Tansania, Südwestprovinz

1. Dezember–22. Dezember:
USA, Nordprovinz

23. Dezember–31. Dezember:
Kongo

Quellenverzeichnis

Lutherbibel 2017
Alle Losungen und Lehrtexte, Wochensprüche und Feiertagssprüche und die Monatssprüche Februar, April, August, September, Oktober, November, Dezember aus: Lutherbibel, revidiert 2017, © 2016 Deutsche Bibelgesellschaft, Stuttgart

Zürcher Bibel 2007
© 2007 Zürcher Bibel/Theologischer Verlag Zürich.
Losungen: 07.01., 10.01., 13.01., 27.02., 01.03., 05.03., 01.04., 30.04., 25.06., 29.06., 30.06., 23.07., 20.08., 21.08., 22.08., 25.08., 05.10., 05.11., 06.11., 12.11., 13.11.

Lehrtexte: 06.01., 10.01., 26.01., 03.02., 05.02., 09.02., 13.02., 18.02., 21.02., 22.02., 21.03., 22.03., 06.04., 10.04., 16.04., 19.04., 28.04., 03.05., 04.05., 09.05., 17.05., 31.05., 09.06., 14.06., 29.06., 09.07., 12.07., 14.07., 15.07., 30.07., 05.08., 10.08., 15.08., 18.08., 27.08., 29.08., 30.08., 01.09., 08.09., 09.09., 11.09., 12.09., 22.09., 24.09., 25.09., 12.10., 24.10., 25.10., 04.11., 12.11., 20.11., 22.11., 29.11., 04.12., 06.12., 08.12., 09.12., 14.12., 30.12.

Gute Nachricht Bibel
Lehrtexte: 24.02., 22.03., 31.03., 27.04., 01.09., 23.10.

BasisBibel
BasisBibel, © 2021 Deutsche Bibelgesellschaft, Stuttgart
Losung: 01.06.

Lehrtexte: 15.01., 19.01., 25.01., 04.02., 15.03., 04.04., 05.04., 21.04., 25.04., 14.05., 25.05., 07.06., 10.06., 15.06., 18.06., 21.08., 23.09., 28.09., 09.10., 13.10., 15.10., 14.11., 13.12., 18.12., 19.12.

Einheitsübersetzung
Einheitsübersetzung der Heiligen Schrift, revidiert 2017, © 2017 Katholisches Bibelwerk, Stuttgart
Monatssprüche: Januar, März, Mai, Juni, Juli

Dritttexte

02.01. © Erbengemeinschaft mgschneider.de
05.01. © Rechtsnachfolge Detlev Block
09.01. Anselm Grün, Die Weisheit der Wüstenväter © 2008, Gütersloher Verlagshaus, Gütersloh in der Penguin Random House Verlagsgruppe GmbH
15.01. © Rechtsnachfolge Detlev Block
19.01. © beim Autor
26.01. Lindolfo Weingärtner, Einer soll heute dein Nächster sein. © Erlanger Verlag für Mission und Ökumene, Neuendettelsau
29.01. Ganz nah ist dein Wort, Huub Oosterhuis, © 1997 Verlag Herder GmbH, Freiburg i. Br.
01.02. © Strube Verlag, München
02.02. © Rechtsnachfolge Klaus Peter Hertzsch
03.02. © Evangelische Brüder-Unität
04.02. Barbara und Hans Hug, Wurzeln, die uns tragen, © 2009 Verlag Herder GmbH, Freiburg i. Br.
05.02. © Rechtsnachfolge der Autorin
06.02. Sabine Naegeli, Die Nacht ist voller Sterne, © 2020 Verlag Herder GmbH, Freiburg i. Br.
07.02. Heidi Rosenstock/Hanne Köhler, Du Gott, Freundin der Menschen, © 1991 Verlag Herder GmbH, Freiburg i. Br.
08.02. Charles Wesley/Ulrike Voigt; © Öffentlichkeitsarbeit der Evangelisch-methodistischen Kirche, Frankfurt am Main
11.02. Komm in unsre stolze Welt. Text: Hans Graf von Lehndorff. © Evangelischer Sängerbund e.V., Wuppertal
12.02. Aus: Lothar Zenetti, Auf Seiner Spur. Texte gläubiger Zuversicht © Matthias Grünewald Verlag. Verlagsgruppe Patmos in der Schwabenverlag AG, Ostfildern 2011. www.verlagsgruppe-patmos.de
13.02. Hans-Jürgen Hufeisen und Jörg Zink, Der Singvogel – Das neue Gesangbuch S. 17, Kreuz-Verlag Stuttgart 1997 © Jörg Zink Erben

15.02. Sabine Naegeli, Du hast mein Dunkel geteilt, © 2020 Verlag Herder GmbH, Freiburg i. Br.
18.02. © Rechtsnachfolge Detlev Block
21.02. © Verlag Herder, Freiburg
22.02. © Evangelische Brüder-Unität
26.02. Heidi Rosenstock/Hanne Köhler, Du Gott, Freundin der Menschen, © 1991 Verlag Herder GmbH, Freiburg i. Br.
28.02. Aus: Verstehen durch Stille, Loccumer Brevier, Hannover: Luth. Verlagshaus 2001, S. 18–19
02.03. WGT Palästina 1994, Text: Renate Schiller, © Weltgebetstag der Frauen – Deutsches Komitee e.V.
03.03. © bei den Nachkommen
04.03. © Strube Verlag, München
05.03. © Evangelische Brüder-Unität
06.03. © Rechtsnachfolge Lothar Pöll
07.03. WGT Frankreich 2013, © Weltgebetstag der Frauen – Deutsches Komitee e.V.
11.03. Charles Wesley/Ulrike Voigt; © Öffentlichkeitsarbeit der Evangelisch-methodistischen Kirche, Frankfurt am Main
18.03. © Evangelische Brüder-Unität
19.03. © beim Autor
24.03. © Verlag Singende Gemeinde, Stuttgart
01.04. © Theologischer Verlag Zürich
05.04. © Bärenreiter-Verlag Karl Vötterle GmbH & Co. KG, Kassel
12.04. Herr, du hast uns ausgesendet. Text: Johannes Jourdan. Aus: Paulus – Lass dir an meiner Gnade genügen https://ABK.US/756 (4. Strophe) © ABAKUS Musik Barbara Fietz.·https://ABAKUSmusik.de
14.04. © Rechtsnachfolge Detlev Block
16.04. © Evangelische Brüder-Unität
21.04. © Verlag Singende Gemeinde, Stuttgart
23.04. Jörg Zink, In dir sein, Gott, ist alles, Gebete, Verlag Herder GmbH, Freiburg im Breisgau 2012, S. 145
25.04. © Strube Verlag, München
26.04. Warum soll mein Herze springen? Neue geistliche Lieder und Gedichte nach Paul Gerhardt. Britta Martini, Irene Mildenberger, Ilsabe Seibt (Hg.), Amt der VELKD, Hannover 2007, S. 109 (Auszug)
01.05. © Evangelische Brüder-Unität
02.05. © Gustav Bosse Verlag / Bärenreiter-Verlag Karl Vötterle GmbH & Co. KG, Kassel
03.05. In Gottes Hand gehalten. Frauengebete, Margot Käßmann (Hg.), Verlag Herder GmbH, Freiburg im Breisgau, 3. Auflage 2011, S. 159 (c) bei der Autorin
05.05. Im Licht der Ewigkeit. Geistliche Lieder und Gedichte. Verlag Junge Gemeinde, 2022 (3. Auflage), Arno Pötzsch, S. 316 (Auszug)
08.05. Lindolfo Weingärtner, In Gott kommt unsre Zeit zum Ziel. © Erlanger Verlag für Mission und Ökumene, Neuendettelsau
10.05. Text: Jörg Zink, aus: Wie wir feiern können, 1992, Kreuz Verlag Stuttgart. © dolce musica edizione – Zurich, www.hufeisen.com
12.05. Manchmal spüre ich deine Nähe. Gebete von Elisabeth Wiesbaum, Evangelische Verlagsanstalt 1982, S. 68
16.05. Du, unser Vater. Jüdische Gebete für Christen, ausgewählt und übersetzt von P. Navè, © 1975 Verlag Herder GmbH, Freiburg i. Br.
19.05. Mosaik Lieder der Jesus-Bruderschaft Gnadenthal Nr. 119; Jesus-Bruderschaft e.V., Gnadenthal
21.05. © Verlag Herder, Freiburg
22.05. © Johanna Arlt, arlt-edition, Karben, www.johannamiramee.de
23.05. © Bärenreiter-Verlag Karl Vötterle GmbH & Co. KG, Kassel
25.05. Wo Freiheit ist und Lachen. Gebete und Texte aus der Ökumene 4, hg. vom EMW, Missionshilfe Verlag, 1999, S. 40 (Auszug)
26.05. Liedtext: Gott ist ganz leise (1. Strophe). Text: Franz Kett. aus: Religionspädagogische Praxis, 4/1982, S. 24, © RPA-Verlag, www.rpa-verlag.de
28.05. Frank Richter, in: Das Wunder der Freiheit und Einheit, hg. Harald Bretschneider, Bernd Oettinghaus, Frank Richter, © 2014 SCM Hänssler in der SCM Verlagsgruppe GmbH, Holzgerlingen/Evangelische Verlagsanstalt GmbH, Leipzig
29.05. © Rechtsnachfolge Detlev Block
30.05. Vater unser. Ein biblisches Brevier, Redaktionskreis: Dorrit Fischer, Raimund Hoenen, Friedrich Schorlemmer, Wolfgang Triebler, Armin Vergens, Evangelische Haupt-Bibelgesellschaft und von Cansteinsche Bibelanstalt, 1995, 3. bearbeitete Auflage, S. 66
31.05. Evangelisch-reformiertes Gesangbuch, Friedrich Reinhard Verlag Basel 1998, Text Nr. 836 (Auszug) Rechte beim Verlag Herder i. Breisgau-Basel-Wien. Mit freundlicher Genehmigung der Verlag Herder GmbH, Freiburg i. Breisgau
04.06. © Evangelische Brüder-Unität
06.06. Dom Hélder Câmara: Haben ohne festzuhalten. Texte für eine bessere Welt © 2009 Pendo in der Piper Verlag GmbH, München.
09.06. Marie Hüsing, Wunderbar getragen. Gebete für jeden Tag, © 2000 Reinhard Kawohl 46485 Wesel, 18. Mai

11.06. © Strube Verlag, München
12.06. Hanna Hümmer, Lass leuchten mir dein Angesicht – Gebete, © Christusbruderschaft Selbitz, Buch- und Kunstverlag, 1971, 5. Auflage 2020, S. 97 www.verlag-christusbruderschaft.de
15.06. © Ateliers et Presses de Taizé, 71250 Taizé, Frankreich
16.06. © Verlag Singende Gemeinde, Stuttgart
20.06. Kyrie guter Gott. Text: Günter Hildebrandt. Musik: Peter Janssens. Aus: Leben wird es geben, 1875. Alle Rechte im Peter Janssens Musik Verlag, Telgte-Westfalen
21.06. Evangelisches Gottesdienstbuch, Verlagsgemeinschaft. Evangelisches Gottesdienstbuch, 2000, Berlin, S. 244
23.06. © Rechtsnachfolge Detlev Block
25.06. © Strube Verlag, München
27.06. © Evangelische Brüder-Unität
30.06. Jeden Augenblick segnen. Verlag am Eschbach der Schwabenverlag AG, Eschbach, 2. Auflage, 2008, S. 232
09.07. © Theologischer Verlag Zürich
12.07. © Theologischer Verlag Zürich
13.07. In dir sein, Gott, ist alles. Gebete, Jörg Zink, Verlag Herder GmbH, Freiburg im Breisgau 2012, S. 11
17.07. Warum soll mein Herze springen? Neue geistliche Lieder und Gedichte nach Paul Gerhardt. Britta Martini, Irene Mildenberger, Ilsabe Seibt (Hg.), Amt der VELKD, Hannover 2007, S. 117 (Auszug)
22.07. Verstehen durch Stille, Loccumer Brevier/ Hrsg.: Loccumer Arbeitskreis für Meditation. Lutherisches Verlagshaus GmbH, Hannover, 3. Auflage der Neuausgabe, 2005, S. 120 (Auszug)
24.07. Hanna Hümmer, Lass leuchten mir dein Angesicht – Gebete, © Christusbruderschaft Selbitz, Buch- und Kunstverlag, 1971, 5. Auflage 2020, S. 153 www.verlag-christusbruderschaft.de
27.07. Meine engen Grenzen. Text: Eugen Eckert © Lahn-Verlag in der Butzon & Bercker GmbH, Kevelaer, www.bube.de
29.07. © Rechtsnachfolge Detlev Block
01.08. © Carus-Verlag, Stuttgart
07.08. © Evangelische Brüder-Unität
08.08. © Gustav Bosse Verlag/Bärenreiter-Verlag Karl Vötterle GmbH & Co. KG, Kassel
11.08. Im Licht der Ewigkeit. Geistliche Lieder und Gedichte. Verlag Junge Gemeinde, 2022 (3. Auflage), Arno Pötzsch, S. 72 (Auszug)
17.08. © beim Autor
18.08. © Verlag Singende Gemeinde, Stuttgart
19.08. © Carus-Verlag, Stuttgart
20.08. © Rechtsnachfolge Detlev Block
21.08. © Strube Verlag, München
22.08. Brunhilde Ludewig, Gebete für schwere Stunden, Francke-Buch GmbH, 2. Auflage 2013, S. 25 (Auszug)
25.08. © Rechtsnachfolge Detlev Block
26.08. Sybille Fritsch: Der Gott, der Hoffnung macht (Auszug) aus: Sybille Fritsch Was mich beseelt, Seite 92 © tvd-Verlag Düsseldorf, 1991
29.08. Liedboek voor de Kerken (LbK - Gz 1, Str. 4), © Interkerkelijke Stichting voor het Kerklied (ISK) Den Haag 1973.
31.08. Herr ich komme zu dir. Text & Melodie: Albert Frey. © 1992 SCM Hänssler, Holzgerlingen für Immanuel Music, Ravensburg
04.09. © Strube Verlag, München
05.09. Marie Hüsing, Oasen der Güte. Gedanken des Vertrauens, © 2002 Kawohl Verlag 46485 Wesel, S. 14
07.09. © Walter Klaiber
10.09. Gertrud von Helfta, Geistliche Übungen, EOS-Verlag, St. Ottilien, 2008, S. 107
11.09. © Verlag Herder, Freiburg
15.09. © Strube Verlag, München
18.09. Wer Gott folgt riskiert seine Träume. Text: Jörg Swoboda & Theo Lehmann. Melodie: Jörg Swoboda. © 1986 SCM Hänssler, Holzgerlingen
29.09. Hanna und Walter Hümmer, Leise und ganz nah, Jahreslesebuch, © Christusbruderschaft Selbitz, Buch und Kunstverlag, 2009, 2. Auflage 2017, S. 314 www.verlag-christusbruderschaft.de
30.09. Ich danke dir mein Gott. Text: Jörg Swoboda & Theo Lehmann. Melodie: Jörg Swoboda © 1990 SCM Hänssler, Holzgerlingen
06.10. Der Herr ist mein Hirte. Gedanken, Segenswünsche, Krankengebete. Hg. EMW in Deutschland e.V., Hamburg, 2006 (ev. Quelle: Zephanja Kameeta, Gott in schwarzen Gettos. Psalmen und Texte aus Namibia) © Erlanger Verlag für Mission und Ökumene, Neuendettelsau
07.10. Sabine Naegeli, Du hast mein Dunkel geteilt, © 2020 Verlag Herder GmbH, Freiburg i. Br.
10.10. Christen und Juden. Anregungen zum Gottesdienst. Kirchenamt der EKD und Lutherisches Kirchenamt der VELKD (Hg.), o.D.u.O., S. 17 f. (Auszug)
11.10. © Evangelische Brüder-Unität
13.10. © Strube Verlag, München
15.10. © Rechtsnachfolge Detlev Block
16.10. © beim Autor

22.10. Christa Spilling-Nöker, Wenn du in Angst und Not bist. aus: dies.; Der Himmel ist in dir. © 2002, 11. neugestaltete Auflage, Verlag am Eschbach. Verlagsgruppe Patmos in der Schwabenverlag AG, www.verlag-am-eschbach.de

23.10. © Bärenreiter-Verlag Karl Vötterle GmbH & Co. KG, Kassel

24.10. Hans Roser, Politische Gebete. Ein evangelischer Beitrag. Claudius Verlag München, 2. Auflage, 1978, S. 19

27.10. Eckhard Herrmann, Aus meines Herzens Grunde. Gebete für jeden Tag. Claudius Verlag München, 2005, S. 18

01.11. Starke Wurzeln gute Früchte. Text: Jörg Swoboda & Theo Lehmann. Melodie: Jörg Swoboda © 1987 SCM Hänssler, Holzgerlingen

02.11. John Carden, With All God's People: The New Ecumenical Prayer Cycle, Orders of Service. (Geneva: WCC Publications, 1990)

05.11. Hanna Hümmer, Es ist ein Raum bei mir – Gebete, © Christusbruderschaft Selbitz, Buch- und Kunstverlag, 1975, 5. Auflage 2020, S. 210 (Auszug) www.verlag-christusbruderschaft.de

11.11. Heinrich Giesen, Minutengebete, © 1974 Kreuz in der Verlag Herder GmbH, Freiburg i. Br.

12.11. Aus: Lothar Zenetti, Auf Seiner Spur. Texte gläubiger Zuversicht © Matthias Grünewald Verlag. Verlagsgruppe Patmos in der Schwabenverlag AG, Ostfildern 2011. www.verlagsgruppe-patmos.de

22.11. Vater unser. Ein biblisches Brevier, Redaktionskreis: Dorrit Fischer, Raimund Hoenen, Friedrich Schorlemmer, Wolfgang Triebler, Armin Vergens, Evangelische Haupt-Bibelgesellschaft und von Cansteinsche Bibelanstalt, 1995, 3. bearbeitete Auflage, S. 258 (Auszug)

23.11. Evangelisches Gottesdienstbuch, Verlagsgemeinschaft. Evangelisches Gottesdienstbuch 2000, Berlin, S. 261

25.11. © Evangelische Brüder-Unität

26.11. © Verlag Herder, Freiburg

28.11. © Strube Verlag, München

01.12. © Theologischer Verlag Zürich

02.12. © Iona Community, www.ionabooks.com

03.12. »Freut euch, ihr Christen, nehmt wahr was Gott verheißt«, Rechte: mundorgel verlag gmbh Lindlar. (Text: Gerhard Hopfer)

05.12. © Verlag Singende Gemeinde, Stuttgart

06.12. Marie Hüsing, Gott liebt unsere leeren Hände. © 1992 Reinhard Kawohl Verlag 46485 Wesel, S. 34

10.12. »Groß ist unser Gott« (Text: Lothar Kosse, Copyright: Praize Republic Köln)

12.12. Friedrich Walz 1972 (1932–1984) aus: Die ganze Welt hat sich gefreut © Erlanger Verlag für Mission und Ökumene, Neuendettelsau

13.12. Ich will bei euch wohnen. Text und Musik: Fritz Baltruweitı aus: Fritz Baltruweit -Meine Lieder, 1996 alle Rechte im tvd-Verlag Düsseldorf

16.12. © Evangelische Brüder-Unität

20.12. © Strube Verlag, München

21.12. Brian Woodcock/Jan S. Pickard (Iona Community): Unter Sternen gehen. Tägliche Inspirationen zum Advent. Texte aus Iona. Ins Deutsche übertragen von Hanna Schott. © 2003 Neukirchener Verlagsgesellschaft mbH, Neukirchen-Vluyn, S. 29. © Iona Community, www.ionabooks.com

22.12. Anton Rotzetter, Gott, der mich atmen lässt, © 2016 Verlag Herder GmbH, Freiburg i. Br.

23.12. © Evangelische Brüder-Unität

24.12. © bei den Autoren

27.12. © Diakonissenmutterhaus, Aidlingen

28.12. © by Inge Müller

30.12. © Strube Verlag, München

31.12. Hanns Dieter Hüsch: Ich stehe unter Gottes Schutz (Auszug) aus: Hanns Dieter Hüsch Das Schwere leicht gesagt, Seite 43, 1997/4 © tvd-Verlag Düsseldorf, 1991

Wir danken den Verlagen und Autoren für die freundliche Abdruckgenehmigung der Texte. In einzelnen Fällen konnten die Rechteinhaber nicht ermittelt werden. Wir bitten um Hinweise an den Verlag, mögliche Honoraransprüche werden gerne abgegolten.

Texte aus der Redaktion sind mit * gekennzeichnet.

Kalendarium 2025

JANUAR

1 **Neujahr**
2 Do
3 Fr
4 Sa
5 **2. So. n. Weihnachten** 2
6 **Epiphanias**
7 Di
8 Mi
9 Do
10 Fr
11 Sa
12 **1. So. n. Epiphanias** 3
13 Mo
14 Di
15 Mi
16 Do
17 Fr
18 Sa
19 **2. So. n. Epiphanias** 4
20 Mo
21 Di
22 Mi
23 Do
24 Fr
25 Sa
26 **3. So. n. Epiphanias** 5
27 Mo
28 Di
29 Mi
30 Do
31 Fr

FEBRUAR

1 Sa
2 **Letzter Sonntag n. Epiphanias** 6
3 Mo
4 Di
5 Mi
6 Do
7 Fr
8 Sa
9 **4. So vor der Passionszeit** 7
10 Mo
11 Di
12 Mi
13 Do
14 Fr
15 Sa
16 **Septuagesimae** 8
17 Mo
18 Di
19 Mi
20 Do
21 Fr
22 Sa
23 **Sexagesimae** 9
24 Mo
25 Di
26 Mi
27 Do
28 Fr

MÄRZ

1 Sa
2 **Estomihi** 10
3 Mo
4 Di
5 **Beginn der Passionszeit**
6 Do
7 **Weltgebetstag**
8 Sa
9 **Invokavit** 11
10 Mo
11 Di
12 Mi
13 Do
14 Fr
15 Sa
16 **Reminiszere** 12
17 Mo
18 Di
19 Mi
20 Do
21 Fr
22 Sa
23 **Okuli** 13
24 Mo
25 Di
26 Mi
27 Do
28 Fr
29 Sa
30 **Lätare** 14
31 Mo

APRIL

1 Di
2 Mi
3 Do
4 Fr
5 Sa
6 **Judika** 15
7 Mo
8 Di
9 Mi
10 Do
11 Fr
12 Sa
13 **Palmsonntag** 16
14 Mo
15 Di
16 Mi
17 **Gründonnerstag**
18 **Karfreitag**
19 Sa
20 **Osterfest** 17
21 **Ostermontag**
22 Di
23 Mi
24 Do
25 Fr
26 Sa
27 **Quasimodogeniti** 18
28 Mo
29 Di
30 Mi

MAI

1 Do
2 Fr
3 Sa
4 **Miserikordias Domini** 19
5 Mo
6 Di
7 Mi
8 Do
9 Fr
10 Sa
11 **Jubilate** 20
12 Mo
13 Di
14 Mi
15 Do
16 Fr
17 Sa
18 **Kantate** 21
19 Mo
20 Di
21 Mi
22 Do
23 Fr
24 Sa
25 **Rogate** 22
26 Mo
27 Di
28 Mi
29 **Himmelfahrt**
30 Fr
31 Sa

JUNI

1 **Exaudi** 23
2 Mo
3 Di
4 Mi
5 Do
6 Fr
7 Sa
8 **Pfingstfest** 24
9 **Pfingstmontag**
10 Di
11 Mi
12 Do
13 Fr
14 Sa
15 **Trinitatis** 25
16 Mo
17 Di
18 Mi
19 **Fronleichnam**
20 Fr
21 Sa
22 **1. So. n. Trinitatis** 26
23 Mo
24 **Johannistag**
25 Mi
26 Do
27 Fr
28 Sa
29 **2. So. n. Trinitatis** 27
30 Mo

Kalendarium 2025

JULI

1 Di
2 Mi
3 Do
4 Fr
5 Sa
6 **3. So. n. Trinitatis** 28

7 Mo
8 Di
9 Mi
10 Do
11 Fr
12 Sa
13 **4. So. n. Trinitatis** 29

14 Mo
15 Di
16 Mi
17 Do
18 Fr
19 Sa
20 **5. So. n. Trinitatis** 30

21 Mo
22 Di
23 Mi
24 Do
25 Fr
26 Sa
27 **6. So. n. Trinitatis** 31

28 Mo
29 Di
30 Mi
31 Do

AUGUST

1 Fr
2 Sa
3 **7. So. n. Trinitatis** 32

4 Mo
5 Di
6 Mi
7 Do
8 Fr
9 Sa
10 **8. So. n. Trinitatis** 33

11 Mo
12 Di
13 Mi
14 Do
15 Fr
16 Sa
17 **9. So. n. Trinitatis** 34

18 Mo
19 Di
20 Mi
21 Do
22 Fr
23 Sa
24 **10. So. n. Trinitatis** 35

25 Mo
26 Di
27 Mi
28 Do
29 Fr
30 Sa
31 **11. So. n. Trinitatis** 36

SEPTEMBER

1 Mo
2 Di
3 Mi
4 Do
5 Fr
6 Sa
7 **12. So. n. Trinitatis** 37

8 Mo
9 Di
10 Mi
11 Do
12 Fr
13 Sa
14 **13. So. n. Trinitatis** 38

15 Mo
16 Di
17 Mi
18 Do
19 Fr
20 Sa
21 **14. So. n. Trinitatis** 39

22 Mo
23 Di
24 Mi
25 Do
26 Fr
27 Sa
28 **15. So. n. Trinitatis** 40

29 **Michaelistag**
30 Di

OKTOBER

1 Mi
2 Do
3 Fr
4 Sa
5 **16. So. n. Trinitatis** 41

6 Mo
7 Di
8 Mi
9 Do
10 Fr
11 Sa
12 **17. So. n. Trinitatis** 42

13 Mo
14 Di
15 Mi
16 Do
17 Fr
18 Sa
19 **18. So. n. Trinitatis** 43

20 Mo
21 Di
22 Mi
23 Do
24 Fr
25 Sa
26 **19. So. n. Trinitatis** 44

27 Mo
28 Di
29 Mi
30 Do
31 **Reformationstag**

NOVEMBER

1 Sa
2 **20. So. n. Trinitatis** 45

3 Mo
4 Di
5 Mi
6 Do
7 Fr
8 Sa
9 **Drittletzter So. im Kirchenjahr** 46

10 Mo
11 Di
12 Mi
13 Do
14 Fr
15 Sa
16 **Vorletzter So. im Kirchenjahr** 47

17 Mo
18 Di
19 **Buß- und Bettag**
20 Do
21 Fr
22 Sa
23 **Ewigkeitssonntag** 48

24 Mo
25 Di
26 Mi
27 Do
28 Fr
29 Sa
30 **1. Advent** 49

DEZEMBER

1 Mo
2 Di
3 Mi
4 Do
5 Fr
6 Sa
7 **2. Advent** 50

8 Mo
9 Di
10 Mi
11 Do
12 Fr
13 Sa
14 **3. Advent** 51

15 Mo
16 Di
17 Mi
18 Do
19 Fr
20 Sa
21 **4. Advent** 52

22 Mo
23 Di
24 **Heiliger Abend**
25 **Weihnachtsfest**
26 **Stephanustag**
27 Sa
28 **1. So. n. Weihnachten** 1

29 Mo
30 Di
31 **Altjahrsabend**